# EL
# PREDICADOR
# MODERNO

*«La predicación no puede ser una actividad
paralela a la realidad como traída de
un viaje en el tiempo o el espacio»*

# EL
# PREDICADOR
# MODERNO

## *Predicando al corazón*
## en un mundo escéptico

### NOÉ AGUIAR

Diseño cubierta: Samuel Cabrera
latidocreativo.com

Imagen de portada por Alex Azabache


**ISBN:** 9798743085491
**Sello:** Independently published
Publicación Amazon 2021

# INDICE

# ·SEGUNDA PARTE·
## Predicando al corazón en un mundo escéptico

# ·TERCERA PARTE·
## Tres apéndices

*Gracias a Dios por su palabra*
*y el ministerio de la predicación.*
*Gracias a mi familia por toda la ayuda y*
*paciencia que han tenido conmigo a lo*
*largo de la redacción de este libro.*
*Os quiero muchísimo:*
*Schere Morales;*
*Noa, María y Ana Aguiar;*
*Pedro y Pérsida Aguiar, etc...*

# ·INTRODUCCION·

---

La predicación no ocupa un lugar relevante en el presente. La sociedad secular la considera parte de una cultura pasada. En la iglesia, en ocasiones, es limitada o desplazada por otras actividades. Parece haber una disociación entre la realidad cultural presente y la exposición pública de las Escrituras.

En la iglesia no hay una convicción generalizada acerca de la pertinencia de la predicación en la vida y el culto cristiano. Esto ha producido dos extremos. Por un lado, un sector que quiere acomodar la predicación al tiempo presente para que ésta *llegue al corazón*. Este sector no hace mucho énfasis en la exposición del texto bíblico, sino en la experiencia, la aplicación, la emoción o el uso de una retórica muy atractiva. En ocasiones ni siquiera hay un texto bíblico base que sustente la exposición. Por otro lado, está el sector que pretende guardar *la pureza de la predicación* exponiendo con mucho énfasis en el texto bíblico. Este sector, a la hora de la exposición, hace énfasis en los contextos originales, en los detalles textuales, en la estructura del texto, en la cultura bíblica y en la idea original del texto. Sin embargo, no presta mucha atención a la aplicación de las verdades bíblicas a la realidad presente.

La sociedad actual no necesita dos extremos. La iglesia temprana es un buen ejemplo. En una ocasión empleó un tipo de comunicación que conectó con el diverso auditorio al que se dirigía (Hch. 2:7-11). Los predicadores exponían el mensaje que el Espíritu les daba y cada uno de los presentes podía conectar con las palabras del predicador. Del mismo modo, en el presente, las personas necesitan una voz que puedan entender.

La predicación, para no perder su propósito, tiene que ser exposición de las Escrituras. Asimismo, la predicación tiene que conectar con la sociedad y ser relevante para su cultura. Así como el Espíritu de Dios obró en la iglesia temprana para que la predicación fuera comprensible, el predicador moderno ha de encontrar una voz que conecte con la sociedad en el presente.

Una de las características que destaca en la sociedad actual es el escepticismo. El escepticismo es recelo, incredulidad o falta de confianza en la verdad o la utilidad de algo. Las proposiciones de verdad son miradas con duda o indiferencia. En el presente, afirmar tener conocimiento de una verdad absoluta es juzgado como una osadía fuera de lugar. La verdad no se entiende como algo objetivo, sino como algo relativo. En lo general no hay una búsqueda de la verdad, sino de aquello que es útil y proporciona felicidad.

Esta cosmovisión es parte de la cultura y afecta a creyentes e incrédulos. El predicador moderno ha de ser consciente del desafío que supone el escepticismo. Tiene que trabajar la manera en la que se comunica para lograr una predicación que tienda puentes, entre la verdad atemporal de las Escrituras y la mente moderna.

Este libro no pretende ser un tratado completo acerca de la predicación, sino una sencilla respuesta a la cuestión de cómo predicar la Biblia al corazón teniendo en cuenta el escepticismo del mundo en el presente. La predicación tiene que ser predicación del texto bíblico, teniendo en cuenta el pensamiento moderno en las formas y contenidos de la exposición, de manera que sea atractiva y persuasiva para la mente escéptica, sin dejar de ser predicación de la verdad bíblica.

Para abordar esta afirmación el libro se desarrolla en dos bloques. En primer lugar, cómo se ha entendido el escepticismo hasta su realidad presente en relación con la predicación. Y en segundo lugar, la parte más amplia del libro, cómo el predicador moderno tiene que comunicarse en la cultura escéptica contemporánea.

Para el desarrollo del contenido, por un lado, he reflexionado por años acerca de este importante tema. Aprendiendo y predicando, también observando cómo se predica en España y en el resto del mundo por medio de internet. Por otro lado, estos últimos años, he estudiado en profundidad la variedad de textos bíblicos que enfocan el tema de la comunicación de la verdad divina, y también he leído una gran parte de los libros relevantes, de todos los tiempos, acerca de la predicación.[1] En la bibliografía están enumerados la gran mayoría de ellos. Toda esta investigación ha resultado en el libro que tienes entre manos. Por lo tanto, solo tengo una parte del mérito. La Palabra de Dios y la sabiduría y habilidad de otros predicadores con mucha experiencia tienen gran parte del mérito. El contenido es el resultado de mucho tiempo y muchas personas.

---

[1] Especialmente libros traducidos al español o escritos en español.

# ¿CÓMO LEER EL LIBRO?

El libro se divide en dos grandes partes. La primera parte se enfoca de manera especial en el escepticismo con la intención de *conocer su idioma* y poder comunicar así la Palabra de Dios de manera que sea entendible y relevante.

El primer capítulo de este bloque se enfoca en la etimología y la definición de los términos para hacer notar el desafío que suponen a la predicación. Puedes saltarlo si no te interesa absolutamente nada la terminología.

El segundo capítulo es una breve historia de cómo se ha ido desarrollando el escepticismo desde la filosofía griega hasta su representación en el presente. Si la palabra *historia* te chirría los oídos puedes hacer una lectura superficial, aunque es interesante y útil en la predicación conocer la tendencia de este movimiento hasta su singular expresión en la actualidad.

El tercer capítulo entra en un tema importante: La desconfianza presente ante cualquier propuesta de verdad y la reticencia a creer cualquier cosa que se proponga; lo que es un obstáculo a salvar en la predicación.

En el cuarto capítulo pongo sobre la mesa algo que debe quedar claro desde el principio: El punto no es *evangelizar*, aunque también se incluye; el punto es que todos, creyentes y ateos, experimentan el escepticismo en algún grado, por lo que hay que tenerlo en cuenta cuando comunicamos la verdad de Dios en cualquier contexto.

El quinto capítulo introduce los desafíos que este panorama presenta a la predicación bíblica. Y se introduce la segunda y más extensa parte del libro: Predicando al corazón en un mundo escéptico.

La segunda parte del libro se divide en cuatro capítulos. El primer capítulo de este bloque, el capítulo seis, pone los cimientos de cualquier tipo y estilo de predicación que pueda llamarse predicación bíblica. Si el predicador moderno no predica en este marco podrá ser un gran comunicador pero no será un predicador de la Escritura.

El capítulo siete desarrolla la importancia de mantener una conexión adecuada con la cultura, así como desafiar sus proposiciones con las proposiciones más altas, razonables y satisfactorias de la Palabra de Dios.

El capítulo ocho trata siete cuestiones importantes que el predicador moderno puede aplicar a su comunicación para facilitar la conexión con la audiencia actual. El Espíritu de Dios hace lo que quiere y como quiere, pero estas siete cuestiones son parte de la responsabilidad del predicador en su búsqueda de la excelencia en la comunicación de las verdades de Dios.

El capítulo nueve va haciendo una transición del corazón de la audiencia al corazón del predicador. Este capítulo termina en el principio divino que ha de ser el denominador común de todo lo que hacemos: el amor. En este caso, el amor en la predicación.

A continuación se añaden tres apéndices: Otros formatos de enseñanza, un desafío personal y el peligro de buscar identidad en el ministerio.

He intentado ser sincero. En ocasiones a riesgo de que pienses que soy un progresista, o en otras que soy un dinosaurio del pasado. El único objetivo por el que he escrito este libro es desafiar tu predicación y ser una herramienta para llevarte un paso adelante en la excelencia en la comunicación de la Palabra de Dios. Soy falible. Lo sé. Por eso necesito la Cruz de Cristo cada día. Por eso en ocasiones mi hilo argumental no será perfecto. Te animo a que recorras este libro como un ejemplo y una oportunidad.

Un ejemplo de principios que quieras aplicar para mejorar como predicador. Y una oportunidad para practicar el pensamiento crítico y someter mis palabras a la Escritura y su aplicación en el presente. Así podrás encontrar tu propio camino en la predicación e ir más y más adelante. Sirviendo al Señor con más y más excelencia. Con el deseo de que nuestra predicación sea cada vez más una oportunidad para que las personas tengan un encuentro vivo con el Dios vivo por medio de su Palabra viva.

# PRIMERA PARTE

.

# EL ESCEPTICISMO
# Y EL PREDICADOR MODERNO

# ·CAPITULO UNO·

---

## DEFINICIONES

### DEFINICIONES ETIMOLOGICAS Y LEXICAS: ESCEPTICISMO Y ESCEPTICO

Comencemos definiendo los términos a estudiar. Las palabras y sus significados pueden evolucionar a lo largo de la historia. El término *escepticismo*, por ejemplo, no siempre se ha entendido de la misma forma. Este apartado analiza la etimología y los significados actuales de las palabras *escéptico* y *escepticismo*, con el fin de usarlas bien en el estudio sobre la predicación en la cultura escéptica del presente.

# ETIMOLOGIA

*Escepticismo*

La etimología muestra como el término pasó de ser una actitud reflexiva a su sentido técnico actual. La doctora Maria Chiesara explica esta evolución de la siguiente manera:

> Desde el punto de vista etimológico el término escepticismo (cuya raíz griega *skefis* [más el sufijo *ismos*], significa «investigación», «indagación») remite a la inclinación a interrogarnos sobre la realidad y veracidad de nuestras percepciones y sobre el fundamento de los juicios, incluso de valor, que emitimos ante las diversas y contradictorias maneras en que las cosas se muestran.[2]

La raíz tiene que ver con investigar, examinar o considerar. A lo que se le añade el sufijo *-ismo*, que indica una actividad, señalando la actividad del que investiga. El sentido etimológico tiene que ver con una actitud reflexiva y crítica acerca de la realidad, lo cual es correcto, incluso la Biblia insta a «examinarlo todo» (1 Ts. 5:21).

---

[2] M. LORENZA CHIESARA, *Historia del escepticismo griego*, 11.

## Escéptico

El término escéptico, de forma similar a escepticismo, pasó de ser una actitud a tener un significado técnico. La especialista de Oxford María Chiesara lo explica del siguiente modo:

El término «escéptico» deriva del griego *skefis* [más el sufijo *tikos*: que posee la actividad de la raíz], que significa «reflexión», «indagación», «investigación» en sentido amplio, y con este significado aparece ya en Platón y Aristóteles. Sin embargo, en sentido técnico, es decir, referido a una postura filosófica determinada, el adjetivo «escéptico» (*skeptikós*) aparece empleado por primera vez en el siglo II d.C.[3]

Así como escepticismo es la actividad del que investiga, escéptico es el sujeto que investiga, el que examina o el que considera. En sí mismo es una actitud correcta ante la percepción de la realidad. El problema está en como ha ido evolucionando.

---

[3] Ibíd., 19.

## DEFINICIONES LEXICAS

El enfoque de este trabajo está relacionado con el concepto y la filosofía del escepticismo actual. No obstante, de manera introductoria, las definiciones léxicas proveen un acercamiento a los términos.

*Definición de escepticismo*

Hay dos acepciones para el término:

• Desconfianza o duda de la verdad o eficacia de algo.
• Doctrina que consiste en afirmar que la verdad no existe, o que, si existe, el ser humano es incapaz de conocerla.[4]

La edición del 2001 de la RAE señala que la doctrina hace referencia a «ciertos filósofos antiguos y modernos».[5] Es interesante que hayan suprimido esta frase, quizá porque ya no es una doctrina exclusiva a ciertos filósofos, sino una doctrina más generalizada. Lázaro Vilas, en su libro *Manual del escepticismo*, confirma la definición de la Real Academia: «Escepticismo es la "doctrina filosófica que

---

[4] *Diccionario*, *RAE*, versión online.
[5] *Diccionario*, *RAE*, 957.

pone el sentido de la vida en la supresión del juicio". Es la "incredulidad o duda acerca de la verdad o eficacia de alguna cosa"».[6] Por lo tanto, el significado léxico actual tiene que ver, en primer lugar, con desconfiar o dudar acerca de la verdad y, en segundo lugar, con afirmar que la verdad no existe o es inalcanzable. Lo que conduce, como señala Vilas, a la supresión del juicio. Suena a típicas reacciones presentes: «Para que siquiera pensar en ello si es imposible conocer si hay una verdad definitiva». Las mismas definiciones ya sugieren el desafío que la predicación tiene ante la mentalidad presente.

No obstante, el sentido de la primera acepción del término puede ser bueno, incluso en una cosmovisión cristiana bíblica. El escepticismo, entendido como sentido crítico, reflexivo y examen acerca de las cosas, puede ser positivo. Por lo que cierto grado de escepticismo en una audiencia es sano, el hecho de someter a examen lo que se expone, especialmente cuando la duda se verifica en base a la verdad bíblica. En cambio, si la desconfianza es para someter las proposiciones a la cosmovisión particular de cada uno, el escepticismo se convierte en relativismo. La desconfianza generalizada acerca de todo puede derivar en

[6] M. LÁZARO VILAS, *Manual del escepticismo*, 15.

una indiferencia indiscriminada acerca de cualquier proposición firme. Este tipo de escepticismo no reconoce ninguna autoridad fiable, lo que supone un obstáculo a salvar en la predicación bíblica.

La segunda acepción es técnica, tiene más que ver con la actividad académica filosófica. La actitud de negar la existencia total de la verdad no es habitual como sí lo es la duda o el recelo. Esta actitud, la negación de la verdad, también supone un desafío para la predicación, pero no entra en el ámbito de este trabajo, aunque algunos principios sean también aplicables. Cualquier intento de acercar la predicación a la mente desconfiada y recelosa dará también un paso hacia la mente escéptica en su sentido más extremo.

## Definición de escéptico

Hay dos acepciones para el término:

- Que profesa el escepticismo.
- Que no cree o afecta no creer.

El significado de escéptico simplemente señala el sujeto que afirma el escepticismo. El escéptico es «el que profesa el escepticismo. El que duda o no cree en determinadas cosas, y del que es inclinado a la falta de fe en general».[7] El escéptico mira con desconfianza la percepción de la realidad que le rodea. El enfoque del escéptico es la duda en sí, que no tiene por qué conducir a la búsqueda de la verdad, sino que puede quedarse en indiferencia. Esto supone un desafío para el predicador, dado que expone una verdad a alguien no solo receloso, también indiferente.

La indiferencia, explícita e implícita, es una actitud habitual cuando se comunican temas de fe. Por un lado, está la indiferencia del incrédulo, a veces nada interesado en plantearse temas espirituales. Pero, por otro lado, está la indiferencia en la iglesia, cuando se presentan grandes verdades que deberían transformar las vidas. Pero ¿qué sucede? nada.

---

[7] Diccionario Enciclopédico Salvat. Ed. Salvat Editores, Tomo X, citado por: MIGUEL LÁZARO VILAS, Manual del escepticismo, 17.

# ·CAPITULO DOS·

---

# UNA BREVE HISTORIA DEL ESCEPTICISMO

## EL DESARROLLO INICIAL EN LA FILOSOFIA GRIEGA, LOS CAMBIOS EN LA EDAD MODERNA Y LA REALIDAD ACTUAL

El escepticismo se ha entendido de maneras diferentes a lo largo de la historia. De manera común, como indica Lázaro Vilas, se ha dado «en muchos pensadores a lo largo de la historia, en la forma de una simple desconfianza ante la posibilidad de alcanzar la verdad absoluta».[8] No obstante, ha existido con énfasis diferentes. Incluso en la actualidad, diferentes autores, lo entienden de manera

---

[8] M. LÁZARO VILAS, *Manual del escepticismo*, 16-17.

diferente. Un breve repaso de algunos señalamientos acerca de cómo se ha entendido el escepticismo a lo largo de la historia, hasta llegar a la realidad presente, es útil a la hora de trabajar en la predicación bíblica teniendo en cuenta la forma de pensar de la cultura en el presente.

## El desarrollo inicial en la filosofia griega

El inicio del escepticismo se da en el siglo IV a.C. en la filosofía griega. Como señala la doctorada en Oxford e investigadora del escepticismo por años, Maria Lorenza Chiesara: «el escepticismo hace presencia por primera vez allí donde la actividad filosófica hace presencia por primera vez».[9] Chiesara sostiene que la actividad escéptica puede remontarse incluso a los presocráticos, pues la misma filosofía introduce la duda y las preguntas. Por ejemplo: ¿Qué es el bien? ¿Qué es cognoscible? ¿Qué es verdad? El escepticismo, en la filosofía, pone en duda el mismo desarrollo filosófico. Así lo señala la introducción de la obra del filósofo griego Sexto Empírico (finales del siglo II y principios del III d.C.): El escepticismo «surgió originariamente como un rechazo a la profesión de

---

[9] M. LORENZA CHIESARA, *Historia del escepticismo griego*, 11.

filósofo».[10] La filosofía escéptica griega pone los dogmas en duda, especialmente cuando se plantean supuestas verdades que aspiran a ser aplicadas de manera universal.

Platón y Aristóteles hacen referencia a ideas escépticas de autores desconocidos.[11] Pero es a partir de la muerte de Aristóteles que la filosofía escéptica toma impulso. Es interesante lo que señala Lázaro Vilas al respecto: «la falta de grandes figuras del pensamiento y la expansión del escepticismo son fenómenos de alguna manera ligados».[12] Esta afirmación bien puede aplicarse a la predicación, como a cualquier disciplina. El escepticismo actual, ante la verdad bíblica, quizá se deba en parte a que no siempre se ha expuesto la Biblia de manera competente.

Es Pirrón, pensador que vivió entre los siglos IV y III a. C., quien es conocido como el primer filósofo escéptico. Pirrón es un buen ejemplo de escepticismo extremo. Defendía la suspensión total del juicio para llegar a un estado de armonía en la vida. Sostenía que la plenitud venía de abandonar la búsqueda de dogmas definitivos. Dijo algo que suena muy actual: «calma de espíritu surgida ante el

---

10 SEXTO EMPÍRICO, *Por qué ser escéptico*, 38.
11 Ibíd., 39.
12 M. LÁZARO VILAS, *Manual del escepticismo*, 15.

hecho de que nada es bueno o malo en sí mismo».[13] Pirrón «ponía en duda la veracidad de las percepciones sensoriales y de las opiniones que gracias a ellas se formaban [...]. La felicidad para Pirrón consistía en vivir en un estado de absoluta impasibilidad respecto del mundo exterior».[14] Pirrón plantea vivir en el mundo sin ser afectado por este. Lo cual, en última instancia, es imposible pues la vida acontece en el mundo. Este escepticismo quiere huir de todas las cuestiones e inquietudes que el ser humano tiene en su interior y salvar la frustración de no tener las respuestas para encontrar así la armonía interior. Como filosofía suena bien pero parece no ser una empresa realista.[15]

Pirrón da protagonismo a lo sensorial, mientras que en la academia platónica se hace, además, énfasis en lo racional, llegando a otras conclusiones acerca de la felicidad. Por ejemplo, Enesidemo, filósofo de la academia, plantea así su definición de felicidad: «Una vida al resguardo de las turbaciones que derivan del ansia de

---

[13] SEXTO EMPÍRICO, *Por qué ser escéptico*, 42.

[14] M. LORENZA CHIESARA, *Historia del escepticismo griego*, 12.

[15] Por ejemplo: Es difícil, tanto para el escéptico como para el crédulo, permanecer impasibles y felices ante el sufrimiento de una persona amada. Escapar del mundo mientras se vive en él es contradictorio.

conocer "la verdad de las cosas"».[16] Pirrón casi quiere salirse del mundo, en la academia platónica no, pero son dos actitudes que miran la verdad con desconfianza y recelo. Ambas actitudes se dan hoy también y pueden encontrarse ante el púlpito en la predicación. Están los que suspenden el juicio y no quieren ni siquiera plantearse nada y los que miran la verdad con recelo, duda o indiferencia.

## El escepticismo moderno

La filosofía escéptica clásica perdió protagonismo en la edad media. Sexto Empírico, autor griego clásico de los siglos II y III, siendo básicamente un pirroniano, es uno de los autores redescubierto por, quizá, el representante más precoz de la ilustración, René Descartes.[17] Con Descartes llega una forma «de escepticismo más moderna, [conocida] como la duda cartesiana».[18] El escepticismo clásico está muy ligado a la vida diaria y a la plenitud existencial.[19] Ahora está al servicio de la razón, con un tono más teórico.

---

[16] M. LORENZA CHIESARA, *Historia del escepticismo griego*, 14.

[17] SEXTO EMPÍRICO, *Por qué ser escéptico*, 43.

[18] M. LORENZA CHIESARA, *Historia del escepticismo griego*, 15.

[19] SEXTO EMPÍRICO, *Por qué ser escéptico*, 24.

Los pensadores de la ilustración lo someten todo a la razón. Consideran que la razón es el único faro con capacidad de guiar a la humanidad. Uno de los problemas que se plantean, como señala el prominente ex ateo Antony Flew, es «si podemos tener un conocimiento directo del mundo "exterior". Este problema fue formulado por primera vez en el siglo XVII por Descartes y aceptado después sin cuestionamiento por la mayor parte de sus más grandes sucesores, como Locke, Berkeley, Hume o Kant».[20] El escepticismo de la ilustración, con el famoso *atrévete a pensar* de Kant, somete, de manera muy concreta, a la duda las diferentes verdades bíblicas. No es de extrañar que al final de la ilustración surgiera la teología liberal. El texto bíblico también fue sometido a la sospecha de la razón.

Aunque ahora hay otros énfasis a parte de la razón, esta forma de pensar empírica llega hasta el presente. La revista *El Escéptico* opina así de la religión en las aulas:

Las mejores herramientas de conocimiento de que disponemos son la razón y el conocimiento científico, [...] que nos vienen ayudando a superar las explicaciones míticas ya desde antiguo. Dejar que esos mitos ganen terreno [...] es dejar entrar el

---

[20] A. FLEW, *Dios existe*, 57.

pensamiento mágico. Y el pensamiento mágico no es un complemento de la ciencia sino su parásito.[21]

Hace una caricatura de la religión, limitándola a duendes y hadas. Plantea que la única alternativa a la razón es la magia y lo mítico. La religión ha cometido muchos excesos. Pero la revelación bíblica no son hechizos y conjuros, sino, como mínimo, un texto en la historia que ha ejercido una influencia positiva en la historia. Este pensamiento, que caricaturiza la religión y radicalmente escéptico, supone un muro a derribar en la predicación.

## El escepticismo contemporáneo

En el escepticismo moderno aún quedaba hueco para Dios. Polifacéticos autores, como Descartes o Kant, aún admitían la idea de Dios. El presente es muy diferente. Parece que la idea de Dios pertenece al pasado. La religión es vista casi como algo folclórico. La fe puede ser respetada pero a la altura de la fantasía o el mito. Dawkins, oponiendo el ateísmo de Bertrand Russell a la fe de Pascal, dice: «¿No respetaría Dios mucho más a Russell por su escepticismo valeroso que a Pascal por su cobarde forma de apostar a

---

[21] J. A. Rodríguez, «Religión en las aulas: Cuando no es una asignatura», 49.

ganador minimizando las pérdidas?».[22] El intelectual italiano, filósofo ateo, Paolo Flores D'Arcais afirma: «Las críticas de la tradición del pensamiento escéptico y ateo a las pretensiones de verdades de la religión son tan conocidas que realmente pueden resumirse en pocas líneas. [...] Capaces de refutar todas las "demostraciones" de la teología».[23] Toda esta forma de pensamiento, tan contraria a Dios y la religión en general, afecta incluso a la actitud con la que el cristiano interactúa con la verdad bíblica. La duda absoluta acerca de la idea de Dios está en la cultura donde conviven el ateo y el creyente.

El escepticismo clásico, incluso el moderno, dudaba acerca de la verdad en general. Hoy la duda se cierne, de manera especial, sobre lo que no se ve o no se experimenta. Sin embargo, tanto el ateísmo, el agnosticismo como el teísmo son posiciones de fe.[24] Cada creencia tiene su sistema de argumentos y evidencias. El ateo tiene, por ejemplo, la evolución.[25] El agnóstico tiene, por ejemplo, la falta de evidencia empírica. El creyente tiene, por ejemplo,

---

[22] R. DAWKINS, *El espejismo de Dios*, 131.

[23] P. FLORES D'ARCAIS, *¿Dios existe?*, 99-100.

[24] JOHN C. LENNOX, *Disparando contra Dios*, 57.

[25] Lo cual, propiamente hablando, no es demostrable científicamente, porque no se puede investigar empíricamente.

la solución al inicio cosmológico, el ajuste fino o la teleología y antropía del universo.[26] Sin embargo, la gente no suele ser escéptica ante un ateo o un agnóstico pero ante la fe de un teísta se despierta la duda general.

Un aspecto contemporáneo de la verdad es que esta no tiene porque ser definitiva. La verdad puede ser tan relativa como las creencias. Lázaro Vilas opina que la palabra verdad en nuestros días no señala una verdad absoluta o definitiva sino a otro tipo de concepto, quizás más relativo, progresivo o alterable: «visiones de conjunto que no son ni verdaderas ni falsas, pero que nos ayudan a orientar nuestra acción en el mundo».[27] La afirmación parece muy lúcida pero difícilmente pasa el examen del raciocinio y la lógica. De qué manera puede orientar el mundo una verdad que es relativa y alterable.

En el presente el escepticismo está en relación con el relativismo. Aunque aún predomina la razón ya no es el patrón único como en la Ilustración. La empresa de la duda muchas veces es examinar si las proposiciones son compatibles con la experiencia personal o si funcionan para

---

[26] La *antropía del universo* señala la manera en la que el universo, en especial la Tierra, parece estar especialmente acondicionada para el desarrollo de la vida humana.

[27] M. LÁZARO VILAS, *Manual del escepticismo*, 17.

la vida en el presente. La pregunta en estos casos no es ¿Es la verdad?, sino ¿Funciona?

La verdad ya no es regulada solamente por la razón sino además por el relativismo. La verdad en el presente no tiene que ver con grandes dogmas, sino que es un concepto elástico. Por lo que aquellos que afirman grandes dogmas serán observados con desconfianza, por ejemplo, el predicador bíblico. ¿Ves el desafío que tenemos aquellos que queremos transmitir las verdades extraordinarias de un Dios extraordinario?

# ·CAPITULO TRES·

---

# EL CONOCIMIENTO Y LA PREDICACION

## EPISTEMOLOGIA, LA BUSQUEDA DE LA FELICIDAD Y EL ESCEPTICO

El predicador bíblico es un expositor de la verdad de Dios. Sin embargo, la verdad, el concepto mismo, está en crisis. La verdad no es hoy un concepto definido, sino una conversación de opiniones. La epistemología, que es el estudio mismo del conocimiento, es un barco que ya ha naufragado. Albert Mohler, presidente del Seminario Teológico Bautista del Sur en Kentucky, lo describe así:

> Nos enfrentamos a una crisis intelectual. [...] Las personas que nos rodean no están seguras de que sea posible conocer alguna cosa. [...] Esta emergencia de conocimiento puede rastrearse

desde el comienzo de la ilustración. [...] Romanos 1:18-32 [sirve] para pensar sobre la crisis epistemológica: la crisis del pensamiento y del conocimiento.[28]

El predicador no debe acomodar la predicación a esta realidad pero tampoco debe ignorarla, sino conocerla para tenerla en cuenta y afrontarla.

El escepticismo puede llegar a excesos como el ejemplo de Dawkins, de comparar la idea de Dios con una tetera orbitando alrededor del sol o un supuesto monstruo del espagueti: «¿Por qué no deberíamos tratar el tema de Dios como científicos? ¿Por qué no son igualmente inmunes al escepticismo científico la tetera de Russell o el Monstruo del Espagueti?».[29] Que una persona distinguida y respetada por muchos, como es Dawkins, compare la idea de un Dios trascendente, generador de la realidad física, con un supuesto Monstruo del Espagueti, que no responde a ninguna incógnita existencial, es una señal evidente de la crisis de la verdad y del escepticismo a la deriva del presente.

---

[28] R.A. MOHLER JR., *Pensar. Amar. Hacer. Un llamado a glorificar a Dios con la mente y el corazón*, 47-48.

[29] R. DAWKINS, *El espejismo de Dios*, 79.

EL CONOCIMIENTO Y LA PREDICACION

# LA DESCONFIANZA ANTE PROPOSICIONES FIRMES

En medio de esta crisis epistemológica, la predicación bíblica tiene la empresa de traer a la luz el verdadero conocimiento, topándose con el desafío de la desconfianza escéptica ante proposiciones firmes. Este es uno de los rasgos clásicos del escepticismo y lo sigue siendo. En el presente la verdad es un concepto etéreo. Pablo Martínez, describiendo los cambios sociales del siglo XXI, señala la verdad como una de las grandes anclas del ser humano. Sin embargo, la verdad está en crisis:

> El reconocido historiador francés Jacques Barzun ya advirtió que «el asalto postmoderno a la idea de la verdad podría llevarnos a la liquidación de 500 años de civilización». [...] En los últimos 30 años el fundamento y la naturaleza de la verdad han cambiado de forma extraordinaria. El cambio se resume en una frase: la verdad ha muerto, viva mi verdad. El auge del subjetivismo y la bancarrota de la verdad como un valor absoluto constituyen el rasgo más descollante de la sociedad del siglo XXI desde el punto de vista ético.[30]

Un artículo del periódico *El País*, acerca de los terraplanistas, es un buen ejemplo de la crisis de la verdad, cita el subtítulo: «Negar que la Tierra es esférica es el caso

---

[30] P. Martínez Vila, «Convertir la verdad en un asunto de opiniones».

más extremo de un fenómeno que define esta época: recelar de los datos, ensalzar la subjetividad, rechazar lo que nos contradice y creer falsedades propagadas en redes».[31] Javier Salas, el autor del artículo, expresa la distorsión epistemológica que esto supone en su título: *No puedes convencer a un terraplanista y eso debería preocuparte.* Ya no hay nada de lo que no se pueda dudar. Esto está en relación directa con el trabajo del predicador dado que su labor principal es exponer la verdad.

## LA BUSQUEDA DE FELICIDAD PASAJERA NO DE VERDAD

Uno de los motivos de la crisis de la verdad es que las personas en ocasiones buscan más la experiencia que la verdad. En este caso la preocupación no es cuál es la verdad sino qué es más funcional; más útil. Se sigue ensalzando el valor de lo racional pero en cambio se persigue lo experiencial, estar bien, vivir sin molestias, el hedonismo y el deseo de significado en el presente, no tanto una búsqueda de propósito definitivo.

---

[31] J. SALAS, «No puedes convencer a un terraplanista y eso debería preocuparte».

Ya en la primera mitad del siglo XX, el polifacético escritor George Wells, decía que «la razón ha llegado al final de su viaje».[32] El énfasis en la búsqueda de plenitud y felicidad en el aquí y ahora le resta valor a la búsqueda de la verdad definitiva.

Una de las razones por las que esto sucede es por la influencia del pensamiento oriental. El que fue director de la Biblioteca Nacional de España, Luis Racionero, dice acerca de las cosmovisiones diferentes entre occidente y oriente: «se separaron oriente y occidente: para llegar al conocimiento, occidente razona, mientras que oriente respira».[33] Sin embargo, en el presente, occidente *respira* como oriente. Esto se puede notar en la cantidad de terapias y dinámicas orientales de la actualidad, el yoga, la meditación trascendental o la práctica de filosofías budistas. Sigue diciendo Luis Racionero:

La filosofía oriental busca la transformación de la mente, la filosofía occidental sólo busca llenar la mente de información. [...] Estas filosofías espiritualistas se parecen en una cosa: no buscan la verdad, sino una experiencia. [...] Buscan un estado de ánimo, una fusión del concepto mental con el estado físico

---

[32] H. G. Wells citado por L. RACIONERO GRAU, *Espiritualidad para el siglo XXI*, 53.

[33] L. RACIONERO GRAU, *Espiritualidad para el siglo XXI*, 52.

del cuerpo [...] Se puede connotar por las palabras energía, vitalidad, placer, gozo, serenidad. [...] Se debe al fracaso de la filosofía racionalista para dar un propósito a la sociedad.[34]

El autor tiene sus preferencias y quizá hace énfasis desproporcionados, pero señala correctamente el pragmatismo del presente. Aunque en occidente, aún hoy se afirme la razón, hay un giro hacia lo pragmático, a lo ligado con la experiencia personal. Esto influye en la indiferencia presente hacia la exposición de dogmas que pretenden poseer la verdad. La mayoría de la gente busca cómo ser feliz hoy no una verdad última. Las personas quieren superar sus crisis y heridas no un esquema informativo bien desarrollado. La preeminencia de la razón ha quedado atrás y ha cedido el paso al hedonismo.

El predicador que expone un sermón lleno de contenido teológico, pero no hace énfasis en la práctica, la aplicación y su relevancia, no establecerá adecuados puentes con esta manera de pensar y los valores del pensamiento actual. Como nota correctamente Racionero, la sociedad necesita, en última instancia, propósito no información. Predicadores, comunicadores cristianos, maestros, etc. podemos ser instrumentos que Dios use justo

[34] Ibíd., 49.

para satisfacer esta necesidad. La gente necesita conocer que la felicidad y la verdad no son enemigas. Esto no es nada nuevo. Ya Jesús lo había dicho: «Y conoceréis la verdad, y la verdad os hará libres» (Jn. 8:32).

---

# CAPITULO CUATRO

# DUDAS Y DESCONFIANZA DENTRO Y FUERA DE LA IGLESIA

## ¿ESCEPTICOS EN LAS IGLESIAS?

El escepticismo, esa duda, indiferencia o desconfianza ante la información que recibimos, se encuentra fuera de la iglesia, en las personas a alcanzar con la verdad, pero también está presente en la iglesia. Todas las personas, creyentes o no, de maneras diferentes y en grados diferentes, se encuentran afectadas por el escepticismo, dado que es una característica del mundo donde todos vivimos.

La teología liberal es un caso explícito, donde la razón se pone por encima de la Palabra de Dios. Pero de manera más inadvertida, la desconfianza ante la verdad se da entre la iglesia. En formas como la apatía ante grandes proposiciones. El predicador expone claramente la voluntad y la guía de Dios para las vidas, pero las personas después del servicio parecen no haber oído demasiado. Ese sutil, pero dañino recelo. El posponer para *mañana* los cambios a los que somos llamados. Esa actitud que quizás sin darnos cuenta dice: ¿Seguro? ¿Eso es así de verdad? Ya lo miraré en el futuro, y simplemente el encuentro con la verdad queda en el olvido. ¿Lo ves? El escepticismo, esa duda, ese recelo, esa indiferencia, están en las butacas de cada salón de la iglesia.

La mentalidad de la cultura presente también hace presencia en la iglesia como la búsqueda individualista del hedonismo pasajero. En ocasiones el cristiano no está tan interesado por las verdades profundas de Dios, sino más inclinado a la búsqueda de simple bienestar, de felicidad superficial para el ahora. Pablo Martínez Vila, hablando de los cambios sociales en la segunda década del siglo XXI, señala:

La iglesia se ha visto contagiada por los valores de la post-modernidad porque los respira de forma constante. [...] Sin darnos cuenta nos acercamos a la iglesia con una mentalidad moldeada por estos ídolos. [...] Un peligro para la iglesia que merece mención especial es el sincretismo, consecuencia natural de la crisis de la verdad. Si la verdad no es tan importante y lo que cuenta son las vivencias entonces es posible seleccionar [...]. Son las nuevas formas de espiritualidad que en realidad es neo-paganismo.[35]

El escepticismo que recela ante grandes verdades y la predominante búsqueda de experiencia y plenitud pasajera es un rasgo de la cultura presente. Sería idealista pensar que esto no afecta a los nacidos de nuevo. O pensar que la iglesia del Señor vive el cielo en la tierra y que no es afectada por la cultura popular. Parte del viejo hombre, del que el creyente tiene que desprenderse, tiene que ver con estas tendencias escépticas, con la duda y la indiferencia ante la verdad de Dios.

La Biblia insiste en que cuidemos no pensar como piensan los que no creen en Dios. No améis el mundo (1 Jn. 2:15); Estad atentos y renovad vuestra manera de pensar (Ro. 12); buscad las cualidades de vuestra nueva naturaleza

---

[35] P. MARTÍNEZ VILA, «Convertir la verdad en un asunto de opiniones».

y dejad atrás la antigua manera de vivir (Ef. 4:22-24); etc. Cuando el autor de Hebreos exhorta a la iglesia a despojarse de todo peso y del pecado que tan fácilmente les envuelve (He. 12:1), está hablando en el contexto de la fe versus la duda, justo de eso va el capítulo anterior en Hebreos (He. 11). Está hablando a la iglesia. Está hablando a aquellos que están llamados a creer y a confiar, pero que fácilmente se dejan llevar por la duda y las desconfianza. La predicación que tiene en cuenta el escepticismo de la cultura presente lo hará por el ateo y por el creyente. Lo hará por amor a todos.

# ·CAPITULO CINCO·

---

# LAS DUDAS DEL ESCEPTICO Y LA PREDICACION

## EL ESCEPTICO Y LOS DESAFIOS EN LA PREDICACION

La duda del escepticismo hacia el conocimiento afecta a todas las fuentes de información, como la prensa o las redes sociales y, por supuesto, a la predicación bíblica con su correcta pretensión de estar en poder de la verdad. El problema es, como señala Berend Coster, que: «Estamos en la cultura de la post verdad y vamos a la iglesia y ¿tenemos que creer todo?».[36] El predicador tiene un desafío cuando sube el púlpito. Cuando el predicador expone, no todas las mentes están deseosas de conocer la verdad, siempre existirán las recelosas e indiferentes.

---

[36] B. COSTER, «Introducción a Soteriología».

El escepticismo abre una brecha entre el púlpito y la mente contemporánea. Como sugiere Stott: «el abismo entre la Iglesia y el mundo ha alcanzado ya unas proporciones tan vastas que quedan pocos puentes que puedan mantener a ambos en contacto».[37] La verdad y el escepticismo son realidades difíciles de encajar. Como señala Keller: «Los escépticos creen que *toda* pretensión de un conocimiento superior de la realidad espiritual no puede en manera alguna ser válida».[38] Y eso es justo lo que el predicador emprende: exponer una verdad superior.

El desafío del escepticismo no es solo mental o humano. Las fuerzas espirituales del mal no están interesadas en que brille la luz de Cristo. El escepticismo, como la decisión de permanecer en la oscuridad de la *verdad* indefinida, tiene que ver con la misma obra del diablo. El apóstol Pablo habla de un velo, algo sobrenatural, que impide a las personas ver las realidades del evangelio: *«para que no les resplandezca la luz del evangelio de la gloria de Cristo [...]. Dios es el que resplandeció en nuestros corazones, para iluminación del conocimiento»* (2 Co. 4:4, 6). El desafío es la mente escéptica, pero sin

---

[37] J. STOTT, *El cuadro bíblico del predicador*, 7.

[38] T. KELLER, *La razón de Dios: Creer en una época de escepticismo*, 45-46.

ignorar la complejidad del mundo espiritual. Stott, en su libro desafíos del liderazgo cristiano, señala la dificultad para comunicar la verdad bíblica:

> ¿No es este uno de nuestros mayores problemas en la comunicación del evangelio? Explicamos las Escrituras de una manera clara, pero la gente no puede entenderlas. Las deletreamos de una manera tan sencilla que pensamos que hasta un niño podría entenderlas, pero no las entienden. Las explicamos, razonamos con las personas hasta que creemos que se van a convencer, pero el velo permanece sobre sus mentes.[39]

Lesslie Newbigin, al volver de las misiones en India en 1986, escribió: «Las sociedades occidentales se han vuelto mucho más resistentes al evangelio que las sociedades paganas anteriores al cristianismo».[40] No podemos permitirnos el privilegio de predicar con ligereza, pensando que todos en el auditorio, o en la clase de escuela dominical, están deseando escuchar, creer y obedecer. Nuestro auditorio es mucho más hostil de lo que pensamos. Sólo mira tu propio corazón.

---

[39] J. STOTT, *Desafíos del liderazgo cristiano*, 16.

[40] L. Newbigin, *Foolishnes to the Greeks*, 20. Citado por F. PORTILLO, *Movimientos actuales en la iglesia. Una reseña crítica.*

El predicador puede enfrentar este desafío con el propósito de ser escuchado, siendo sensible a las realidades del escepticismo. El deseo de ser relevantes ante una sociedad que no está interesada en la religión es legítimo. El deseo de tener un mensaje que la gente quiera escuchar no está ligado con dejar al margen las grandes verdades bíblicas y su predicación sino con buscar una voz que rompa las barreras del escepticismo actual.

Francisco Portillo, gran conocedor de la realidad evangélica actual, lo expresa así: «el deseo de ser relevante en nuestra comunicación de la palabra de Dios es totalmente legítimo. Ojalá fuésemos más relevantes en la mayoría de nuestros púlpitos y en nuestro mensaje a la sociedad de lo que habitualmente somos».[41] La motivación de ser relevante es correcta, si fluye del deseo de hacer que se escuche el mensaje del evangelio de Cristo, en medio de los desafíos que presenta la forma de pensar de la cultura actual.

No solo es legítimo querer ser escuchados. En un mundo perfecto el predicador diría lo que tiene que decir, pero de tal forma y con tales palabras que todas las mentes

---

[41] F. PORTILLO, *Movimientos actuales en la iglesia. Una reseña crítica*, 71.

serían cautivadas y seducidas por Dios y sus verdades extraordinarias. Este es el objetivo; a esto debemos aspirar.

En un papel puedes pintar un simple emoji o puedes coger unos buenos pinceles y pintar una rostro realista y vívido, un retrato seductor que atraiga la mirada de todos. La predicación puede ser un simple círculo, con dos puntos que hacen de ojos y una línea curva que hace de sonrisa, o puede ser una obra de arte que capte la atención de todos. Claro que influye el talento y los dones, pero no nos engañemos, influye mucho más el trabajo, el tiempo y la pasión que estamos dispuestos a invertir.

Tenemos un Dios que se ha expresado de manera extraordinaria en la creación. Seguro que más de una vez has sido sobrecogido por la obra de sus manos. Así mismo se ha comunicado con belleza y grandeza en su palabra. No solo ha hecho un pedazo de tierra para que viviésemos y nos multiplicásemos. No solo ha dicho lo que quería decir. Ha escogido palabras y formas que en ocasiones nos ponen los pelos de punta o arrancan de nuestros ojos las lágrimas.

Cuando este Dios nos impresiona y satisface jamás podremos contentarnos con una predicación con mucha verdad. Vamos a buscar expresar las verdades de Dios como nadie lo ha hecho, siendo sensibles a las maneras de pensar del mundo moderno, teniendo en cuenta sus patrones de pensamiento y usando las palabras de manera que las mentes queden atrapadas. No por la astucia del predicador sino por la belleza de su contenido y el Dios que lo inspiró.

Esta empresa es peligrosa. Lo sé. Fácilmente podemos olvidar nuestro llamamiento y convertirnos en simples comunicadores. Es por ello que la segunda sección del libro comienza con un capítulo acerca de los valores no negociables al predicar. Hacer todo lo posible por ser escuchados no está en conflicto con responder al llamado de Dios. De hecho, ambas cosas han de estar. Dios habla verdad, nunca de cualquier manera.

He dividido los valores no negociables en tres secciones. La predicación tiene que ser predicación de la Biblia; la predicación tiene que estar centrada en el mensaje principal de toda la Biblia: El evangelio de Jesucristo; y la predicación da resultados por el poder de Dios. El predicador debe hacer su trabajo en este fundamento, con sus paradojas, si quiere responder a su llamado de predicar la Palabra.

«En presencia de Dios y de Cristo Jesús, que ha de venir en su reino y que juzgará a los vivos y a los muertos, te doy este solemne encargo: Predica la Palabra» (2 Ti. 4:1-2a).

# SEGUNDA PARTE

·

# PREDICANDO AL CORAZON
# EN UN MUNDO ESCEPTICO

# ·CAPITULO SEIS·

---

# LOS VALORES NO NEGOCIABLES DEL PREDICADOR MODERNO

## PREDICAR LA ESCRITURA, PREDICAR EL EVANGELIO Y RESULTADOS POR EL PODER DE DIOS

El predicador moderno tiene desafíos y privilegios. La cultura escéptica del presente son *campos blancos* a sembrar con las Escrituras. La necesidad del evangelio por un lado, y la manera en la que la cultura escéptica influye a las personas en la iglesia por otro, le dan sentido y propósito a la labor del predicador. La tarea de exponer públicamente las Escrituras no es tarea fácil, posiblemente nunca lo fue. Sin embargo, el mensaje bíblico tiene un valor tan elevado que exponerlo es un privilegio a pesar de los desafíos actuales en la cultura popular.

El pintor siempre ha usado pincel y pintura para sus cuadros. Sin embargo, el arte ha evolucionado a lo largo de la historia y según la cultura. Del mismo modo, el predicador siempre ha tenido una verdad revelada para exponer. Así mismo, la manera en la que la expone ha ido cambiando igual que el arte. El pincel y las pinturas son la Biblia. El arte es la predicación, que evoluciona para seguir transmitiendo, para seguir pintando de manera relevante la obra de Dios en su hijo Jesucristo.

El arte con que el predicador transmite la verdad bíblica siempre puede mejorar. Así lo afirma el experimentado predicador Alex Montoya: «La predicación debe ser adaptada constantemente a los aspectos cambiantes de la cultura. El mensaje nunca cambiará, pero la forma en que lo entregamos, sí cambiará, es más, debe cambiar, o dejaremos de ser un puente entre dos mundos».[42] La cultura escéptica actual, con las dudas, el recelo, la indiferencia y el relativismo, exigen que el predicador revise la forma en que transmite la verdad de Dios, para tender puentes y derribar barreras. El escepticismo se encuentra más claramente en lo secular, sin embargo, también influye en la manera en la que piensa y recibe las proposiciones de verdad el creyente,

---

[42] A. MONTOYA, *Predicando con pasión*, 148.

por lo que no es una empresa ligera modular la predicación al tiempo presente.

El expositor bíblico es el constructor de un puente sobre la grieta existente entre la verdad bíblica y la mente moderna.[43] No obstante, el predicador debe cuidar como realiza su labor. Existe el peligro de sacrificar la esencia de su llamado, en su esfuerzo por conectar con la cultura moderna. Es importante establecer qué valores son la base y el fundamento de la predicación. Seguidamente se desarrollan tres principios no negociables que constituyen el fundamento de la predicación. En primer lugar, La predicación es predicación de la Biblia. En segundo lugar, la predicación es predicación del evangelio de Jesucristo. Y en tercer lugar, la predicación da resultados por el poder de Dios.

## La predicación es predicación de la Biblia

La predicación siempre ha sido llamada a ser predicación de la Escritura. Pablo, animando al joven Timoteo en el ministerio, le encomienda a «predicar la

---

[43] Stott usa una metáfora similar, por ejemplo en J. STOTT, *El cuadro bíblico del predicador*, 28.

Palabra» (2 Ti. 4:2).[44] No cualquier palabra, sino las Escrituras. La predicación no es inventar contenidos. El contenido ya está inventado y bien desarrollado. Nada más y nada menos que por el Dios que creó los cielos y la tierra. El predicado ha de predicar la Palabra revelada. Palabra que ha sido compilada en las páginas de la Biblia. Como nota Calvino en su comentario sobre 2 Timoteo 3:16: «esta cláusula está relacionada con el pasaje anterior, lo cual quiere decir que Pablo liga con propiedad la Escritura con la predicación».[45] La predicación ha de ser predicación de la Biblia.

Unos años después de que Pablo hiciera este gran encargo a Timoteo, en la iglesia temprana, la Palabra seguía siendo central en la predicación. En torno a un siglo más tarde, el padre de la Iglesia Justino Mártir, a mediados del

---

[44] «Predica la palabra» (κήρυξον τὸν λόγον) en relación con 2 Ti. 3:16: «Toda Escritura» (πᾶσα γραφὴ). La palabra para predicar es κηρύσσω [anunciar, proclamar, predicar o dar a conocer] en el mundo griego: [...] Significa «gritar en voz alta, pregonar, anunciar». Puede llevar matices tales como «ofrecer, ordenar, prohibir, pedir», y comercialmente «ofrecer en venta, subastar». Un sentido general es «dar a conocer», aunque específicamente puede significar también «proclamar como heraldo». (G. KITTEL - G. FRIEDRICH - G.W. BROMILEY, *Compendio del diccionario teológico del Nuevo Testamento*, 425).

[45] J. CALVINO, *Comentario a las Epístolas Pastorales*, 293-294.

siglo II, se dirige al emperador y explica así la centralidad de la Biblia en el culto dominical:

El día que se llama del sol se celebra una reunión de todos los que moran en las ciudades o en los campos, y allí se leen, en cuanto el tiempo lo permite, los *Recuerdos de los Apóstoles* o los escritos de los profetas. Luego, cuando el lector termina, el presidente, de palabra, hace una exhortación e invitación a que imitemos estos bellos ejemplos.[46]

Después de que las Escrituras perdieran autoridad a través de la edad media, surgen los reformadores, siendo uno de sus grandes énfasis la predicación, traducción y difusión del texto bíblico. Más tarde, los colportores expandieron el mensaje cristiano por España, por medio de la distribución y venta de Biblias. Todos ellos sabían que el mensaje que debían comunicar era el mensaje de la Biblia y este dio mucho fruto.

Hoy la Biblia, con su mensaje universal y único, parece quedar relegada a formas del pasado. Como explica Samuel Escobar: «El escepticismo postmoderno [...] es un rechazo de todo proyecto en el cual aparezca una pretensión de dar sentido global u orientación general a la vida

---

[46] J. Mártir en *Padres apologetas griegos*. Citado por J. STOTT, *La predicación: puente entre dos mundos*, 17.

humana».[47] El escepticismo actual es también relativismo, por lo que un libro que contiene la verdad para todos parece demasiado osado incluso para los cristianos. Timothy Keller por décadas ha preguntado a las personas: ¿Qué es lo que les causa mayor problema en el cristianismo? Una de las respuestas más frecuentes que ha recibido es «su exclusividad».[48] La Biblia contiene la pretensión de ser la Verdad. Y lo es. Por lo tanto, no puede tener un lugar *decorativo* en la predicación.

Aunque la sociedad actual busca la diversidad y la novedad, su necesidad es común a todos los tiempos. En el siglo XXI las personas siguen necesitando una exposición pertinente del mensaje bíblico. Sin embargo, parece haber cierta desconfianza hacia la relevancia y competencia del texto bíblico para la sociedad en el presente.[49] En ocasiones,

---

[47] S. ESCOBAR, *Vigencia y pertinencia de la Biblia en la comunicación del mensaje cristiano*, 13-14.

[48] T. KELLER, *La razón de Dios: Creer en una época de escepticismo*, 33-34.

[49] Escobar hizo en 2008 este análisis en España: «La Biblia no parece tener en las iglesias evangélicas de España hoy el papel central que tuvo en sus inicios. Hay algo así como una fatiga respecto al uso de la Biblia en las iglesias, como una sospecha de que el mensaje bíblico es irrelevante para la sociedad actual y que la Palabra de Dios no parece tener nada que decirle al ser humano común y corriente en esta sociedad posmoderna y poscristiana». (S. ESCOBAR, *Vigencia y pertinencia de la Biblia en la comunicación del mensaje cristiano*, 11).

incluso en la iglesia parece no haber el aprecio debido hacia la Palabra de Dios.

## Renovando la confianza en la Palabra

El predicador moderno no ha de sucumbir a las presiones de la cultura. Al contrario, el expositor bíblico tiene que alzar su confianza en las Escrituras y hacer de ellas el objeto de su predicación. Como escribe Stott: «el predicador no debe proveer su mensaje a expensas de su propio ingenio. [...] La tarea del predicador es proclamar un mensaje que le ha sido dado».[50] La autoridad que el predicador pueda llegar a tener en el mundo moderno está en total dependencia de la medida en la que las Escrituras sean el objeto de su predicación.

Cuando el predicador predica la Biblia puede predicar con libertad, no como pidiendo disculpas, aunque tenga delante a los escépticos más impenetrables, porque esa es la confianza que puede darle la palabra de Dios. En palabras del escritor y periodista británico G. K. Chesterton: «Un hombre debería dudar de sí mismo y no de la verdad; pero

---

[50] J. STOTT, El cuadro bíblico del predicador, 22.

esto se ha invertido».[51] El predicador moderno puede revertir esto. Buscar los mejores medios y formas de penetrar la mente escéptica, con la premisa clara de que la predicación es predicación de la Biblia. La labor del predicador es ofrecer un mensaje al mundo, pero si su confianza está en sí mismo y no en la palabra de Dios, el mundo le encontrará con las manos vacías.

## La predicación expositiva

Este tipo de predicación se conoce habitualmente como *predicación expositiva*. La predicación expositiva no es una forma de predicar, no es homilética. La predicación expositiva puede ser lo más aburrido sobre la faz de la tierra o puede ser la comunicación bíblica más vívida y cautivante. La predicación expositiva tiene que ver más con el contenido de la predicación que con la forma en que el mensaje es transmitido.

Una forma sencilla y habitual en la que es definida es: La predicación expositiva es aquella en la que la idea principal de un texto bíblico se convierte en la idea

---

[51] Chesterton citado por J. STOTT, El cuadro bíblico del predicador, 28.

principal de un sermón. El predicador investiga y busca en el texto hasta obtener un principio central y atemporal y ese principio se vuelve en el centro de lo que va a comunicar. Por lo tanto, el texto es quien marca la agenda y el contenido de la predicación, no el bagaje de conocimientos del predicador. La predicación no está limitada por lo que el predicador sabe y entiende sino que tiene los recursos infinitos de la palabra de Dios. La predicación no pone en peligro la verdad de Dios usando enfoques humanos sino que es delimitada y definida por el mismo texto bíblico.

Una manera de llenar la predicación de la riqueza de Dios es hacer uso de la predicación expositiva consecutiva. Predicar libros o partes de libros de la Biblia de manera consecutiva. Yendo a través de una carta paulina, o a través de una selección de textos de génesis, la diversidad de la Biblia irá saliendo a la luz. Así el contenido de la predicación no estará limitado a la habilidad de predicador o sus temas favoritos.

Esto no quiere decir que no se puedan tratar temas relevantes y necesarios si así se quiere. Se puede hacer una pequeña serie de la familia, los conflictos, el perdón, la sexualidad o la vida devocional. Pero habrá que cuidar y trabajar mucho en que se escojan textos que realmente definan y expongan esos temas y así darle a la gente el contenido real y completo de la Palabra de Dios para esos temas.

Hay iglesias que solo predican consecutivamente libros de la Biblia. Otras intercalan temas que quieren tratar siempre al menos una vez al año o una vez cada dos años. La iglesia tiene libertad para escoger sus formas y calendarios de predicación, pero no tiene libertad para dejar la Biblia a un lado o solo usarla de trampolín para hablar de lo que quiere y como quiere.

Es curioso que en ocasiones los temas de la predicación se limitan a los que podemos encontrar en una Biblia infantil: La creación, David y Goliat, Jesús y Zaqueo, etc. Predicador, hemos de ser valientes. ¿Quién si no va a predicar los textos olvidados que ya pocos predican? ¿Quién va a predicar de la destrucción de Sodoma y Gomorra? ¿Quién va a predicar del incesto de las hijas de Lot? ¿Quién va a predicar los salmos imprecatorios? ¿Quién va a predicar del llamado a sufrir según Cristo?

La predicación expositiva no restringe la creatividad y las formas que el predicador desea usar para conectar con su gente. La predicación expositiva simplemente enfatiza que el contenido de la predicación ha de ser provisto por la Escritura. Porque el predicador confía en que es lo que la congregación necesita y que allí, en la Escritura, hay tesoros que ni él mismo aún ha descubierto.[52]

## La hermenéutica: Una nota importante

Para predicar la Biblia adecuadamente es necesario estudiar la Biblia adecuadamente. El estudio de la Biblia en sí mismo, la disciplina conocida como hermenéutica o exégesis del texto bíblico, no es el punto en este libro. Este libro trata acerca de cómo comunicar el mensaje de la Biblia en el presente, el arte de la homilética y la comunicación.

---

[52] Un sencillo ejemplo de la importancia de enfocarnos en el texto: En Gé. 20 vemos a Abraham mintiendo a Abimelec. Ya desde ahí podría surgir una predicación, pero si seguimos manteniendo la atención en el texto surge muchísimo más. Por ejemplo: Es ya la segunda vez que miente así. También viendo el contexto vemos un patrón: El pecado de Sodoma (paganos), el pecado de Lot y sus hijas (creyentes en apuros) y el pecado de Abraham (el pecado del padre de la fe), o sea todos estamos incluidos. Pero hay más, al final del texto vemos que Dios mantiene su promesa, o sea su Gracia es incondicional y es justo lo que necesitamos para ser conquistados y empoderados para seguirle. Del hijo de Abraham vendría Jesús y ahí está, la manera en la que toda la Biblia enfoca y apunta a Jesús. Y seguro aún hay más. Armando un mensaje ordenado con toda esta riqueza bíblica muestras a tu gente que los tesoros están allí, en la Palabra de Dios.

Este libro no trata del estudio de la Biblia, no trata del trabajo de escritorio, pero lo da por hecho debido a que es la base de la predicación. Este libro trata acerca de cómo comunicar de la mejor manera posible ese mensaje que hemos descubierto fruto de un estudio serio, riguroso y apasionado del texto bíblico.

Para que la predicación sea predicación de la Biblia se debe estudiar el texto bíblico adecuadamente. Se requiere cierta disciplina para estudiar correctamente cualquier texto, máxime cuando se trata del texto revelado. La hermenéutica es la disciplina que desarrolla el estudio de textos. Hay muchos buenos libros que la desarrollan. Un buen libro como ejemplo es *Hermenéutica: Entendiendo la Palabra de Dios* de Scott Duvall y Daniel Hays.

Si eres un predicador laico sin formación teológica formal lee algún buen libro de hermenéutica. Idealmente comenta lo que has aprendido con algún predicador experimentando en tu congregación que te ayude ha asimilar bien los conceptos. Esto es necesario porque el estudio bíblico tiene sus desafíos.

Tratamos con un libro que fue escrito a lo largo de siglos hace miles de años. Y el punto es saber qué quisieron transmitir los autores bíblicos a los receptores originales, antes de poder aplicar la verdad atemporal del texto al tiempo presente. Además la Biblia contiene diferentes autores, diferentes estilos literarios, escritos en diferentes contextos y ocasiones. Y todo esto, y mucho más, hay que tenerlo en cuenta para comprender adecuadamente el texto bíblico, y no llegar a conclusiones erróneas que puedan confundir a la iglesia si son predicadas.

Además de una mínima formación en hermenéutica es de mucha ayuda tener buenos comentarios bíblicos que puedan servirnos de orientación para comprobar cómo van nuestras conclusiones. Los comentarios no son definitivos, pero si tenemos algunos respetados, de los que hay fe que han hecho una buena interpretación del texto, nos pueden servir para indagar más profundamente y comprobar que no vamos muy perdidos en nuestra interpretación. Eso sí, primero hay que hacer un estudio propio y personal. Queremos tener un encuentro personal con la palabra viva de Dios, no solo comunicar las conclusiones de otros.

Esta sección es quizá más un apéndice que una parte en sí de este libro. Pero no quería dar por sentado la necesidad de estudiar adecuadamente la Biblia para poder predicarla pertinentemente. Quería dejar explícitamente clara la necesidad del estudio riguroso de las Escrituras para servir adecuadamente en el ministerio de la predicación o la enseñanza en la iglesia.

## LA PREDICACION ES PREDICACION DEL EVANGELIO DE JESUCRISTO

En varias ocasiones Jesús indicó ser el tema central de las Escrituras. Afirmó que las Escrituras dan testimonio de él (p. ej., Jn. 5:39, 46; Lc. 24:25, 44-47). Jesús mismo señaló que todas las Escrituras le señalan, por lo tanto el predicador debe predicar siempre a Cristo y su evangelio, no importando qué texto bíblico exponga en su servicio.

Esto no debe convertirse en algo forzado y artificial. No obstante, hay que reflexionar acerca de cómo sugiere a Cristo cada pasaje a exponer. En ocasiones será totalmente explícito y en otras una referencia, pero Cristo y su obra han de estar en el centro de la predicación, debido a que son el centro de las Escrituras. Stott lo expresa así:

> La Biblia está llena de Cristo. Algunos […] lo expresaban de esta forma: «Así como en Inglaterra todo camino o senda se conecta con otro y lleva finalmente a Londres, del mismo

modo en la Biblia cada libro, capítulo y versículo forman un eslabón que llevará finalmente a Cristo».[53]

Toda la vida cristiana se sostiene en la gracia que fluye del evangelio, así que predicar siempre el evangelio no debiera ser difícil. Si se predica un texto del evangelio será totalmente obvio. En caso de predicar del sufrimiento, por ejemplo, la referencia al evangelio puede estar en la gracia y amor de Dios necesarios para transitar a través del sufrimiento. Tal gracia y amor que se hacen accesibles solo por el evangelio de Cristo.

El escéptico secular necesita el poder del evangelio. Y el creyente, que también necesita su poder, encuentra además en él perspectiva, aliento, entusiasmo, enfoque, estímulo y pasión. Estos no son solo estímulos superficiales sino que son realidades que calan en lo profundo de la vida y la conmueven por completo. Así lo experimentó Pablo y lo expresó en sus formas tan singulares (p. ej., Ef. 3:14-21; Fil. 3:7-11). Así que, como señala Ryle: «Toda la sencillez del mundo [o intento de ser relevante en el presente] puede ser completamente inútil si no predicamos el sencillo

---

[53] J. STOTT, *Las controversias de Jesús*, 112.

evangelio de Jesucristo de manera tan completa y clara que todo el mundo pueda entenderlo».[54]

El evangelio contiene realidades que son un privilegio predicar, como la realidad del amor y la gracia de Dios contenidas en su Hijo Jesucristo. Pero la persona del presente necesita escuchar otras realidades nada populares en la actualidad, como el pecado y el juicio futuro. El predicador moderno tendrá que buscar formas en las que expresar correctamente estas verdades en la actualidad, pero no puede dejarlas a un lado. Jesús predicó innumerables mensajes sobre la condenación del pecado por Dios, sobre el juicio a los pecadores y sobre la necesidad de arrepentimiento.

El comunicador bíblico tendrá que dar significado y sentido a palabras que en la cultura presente están vacías de significado o mal entendidas, como pecado, infierno, juicio o arrepentimiento. Pero no puede abandonar el mensaje que contienen en la cuneta. Tendrá que buscar la forma de expresar lo que contienen o volver a llenarlas de significado, pero no dejarlas simplemente a un lado. Eso sí, reitero, su labor no es repetir estas palabras en su afán de ser *bíblico*, su labor es expresar su verdad de manera

---

[54] J.C. RYLE, *Sencillez en la Predicación*, 23.

que se entienda y conecte con la mentalidad actual. Nadie dijo que fuera fácil. Yo mismo mientras escribo soy desafiado por la dificultad de esta empresa. Es necesario un esfuerzo en amor, luchar con nuestro propio pensamiento y entendimiento.

El escéptico secular necesita la salvación que se encuentra en el evangelio completo y el escéptico cristiano, en sus dudas y reticencias, necesita el poder y el estímulo que se encuentran en la gracia de Dios, que fluye del evangelio completo. Siempre se ha de predicar a Jesús. En palabras de Stott, el gran predicador inglés:

> En verdad el espíritu de la profecía, sea en los profetas del Antiguo Testamento o los apóstoles del Nuevo, es el testimonio de Jesús (Ap. 19:10).[55] Jesús es el centro de atención de la Escritura. [...] Los eruditos cristianos siempre lo han reconocido. Jerónimo, por ejemplo, el gran Padre de la iglesia de los siglos IV y V, escribe que «la ignorancia de la Escritura es ignorancia de Cristo».[56]

Si las personas son atraídas a la iglesia con algo que no es Jesús, posiblemente para mantenerlas en la iglesia habrá que seguirles proveyendo de ese algo, sea lo que sea.

---

[55] J. STOTT, *El cuadro bíblico del predicador*, 75.
[56] J. STOTT, *Cristo, el incomparable*, 19.

Jesús debería ser el atractivo principal, aquello por lo que la gente entra a formar parte de la iglesia y quiere quedarse en ella. El predicador no ha de ofrecer lo que ya el mundo ofrece, sino ha de ofrecer aquello singular que tiene y de mayor valor: el evangelio de Jesús.

De hecho, Jesús no es sólo el gran atractivo de la iglesia para aquellos que están fuera de ella, que lo es. Es mucho más que eso. Cómo motiva una y otra vez Pablo a la iglesia de su tiempo. Cómo despierta su interés por vivir una vida según el estilo de Dios. Pablo cuando desafía a la iglesia a seguir adelante, en cualquier práctica, lo hace poniendo delante de la iglesia aquello que siempre enciende sus llamas, aquello que puede devolverle la pasión, aquello que puede motivarla de verdad: el evangelio de Jesús. Dios, que de tal manera nos amo que nos dio a su Hijo. Dios, que mostró su amor con nosotros en que aún siendo pecadores Jesús murió por nosotros.

Cuando el apóstol Pablo quiere animar a la iglesia a dar ¿Cómo lo hace? Les enfoca en Jesús: «*Porque ya conocéis la gracia de nuestro Señor Jesucristo, que por amor a vosotros se hizo pobre, siendo rico, para que vosotros con su pobreza fueseis enriquecidos*» (2 Co. 8:9). Cuando el apóstol Juan quiere animar a la iglesia a amar

¿Cómo lo hace? Les enfoca en Jesús: «*En esto consiste el amor: no en que nosotros hayamos amado a Dios, sino en que él nos amó a nosotros, y envió a su Hijo en propiciación por nuestros pecados. Amados, si Dios nos ha amado así, debemos también nosotros amarnos unos a otros*» (1 Jn. 4:10-11). Cuando el apóstol Pablo llama a los esposos a desvivirse en amor y servicio por sus esposas ¿Cómo lo hace? Les enfoca en Jesús: «*Maridos, amad a vuestras mujeres, así como Cristo amó a la iglesia, y se entregó a sí mismo por ella*» (Ef. 5:25).

La predicación, el cristianismo, la vida de fe en general, no es otra cosa más allá de Jesús y su evangelio, como si hubieran cosas más profundas. Ir más allá es profundizar en nuestro entendimiento de lo que Dios en Jesús ha hecho por nosotros. Cuanto más profundamente veamos la riqueza de ese mensaje más transformados seremos a su imagen. Cuanto más impactados seamos por lo que Jesús ha hecho por nosotros, de forma más natural responderemos a todos los llamados que encontramos en la Escritura. Si viésemos a Dios en Cristo Jesús como realmente es no pararíamos de correr hacia él, dejando todo lo demás atrás. En palabras de Pablo:

Pero cuantas cosas eran para mí ganancia, las he estimado como pérdida por amor de Cristo. Y ciertamente, aun estimo todas las cosas como pérdida por la excelencia del conocimiento de Cristo Jesús, mi Señor, por amor del cual lo he perdido todo, y lo tengo por basura, para ganar a Cristo, y ser hallado en él, no teniendo mi propia justicia, que es por la ley, sino la que es por la fe de Cristo, la justicia que es de Dios por la fe. (Fil. 3:7-9)

Predicadores, no nos permitamos pensar que el contenido de nuestra predicación puede encontrar un nuevo nivel de competencia más allá del evangelio de Jesucristo. Si algo estamos llamados a hacer es predicar el evangelio de Jesucristo. Es por ello que el predicador mismo ha de vivir el evangelio de Jesucristo. El poder del evangelio va transformando la vida del predicador al mismo tiempo que le hace un predicador más competente del evangelio. Siempre necesitaremos, como predicadores, vivir expuestos al evangelio para poder predicar adecuadamente el evangelio. El evangelio no es un tratado teológico. El evangelio es poder de Dios (Ro. 1:16). El evangelio contiene la potencia del Dios que de la nada lo hace todo. El evangelio de Jesucristo es aquello que más necesitas tú y la gente a la que predicas.

«Pues me propuse no saber entre vosotros cosa alguna sino a Jesucristo, y a éste crucificado» (1 Co. 2:2).

# LA PREDICACION DA RESULTADOS POR EL PODER DE DIOS

Hay algo paradójico entre la necesidad de que el predicador sea competente al comunicarse y que los resultados, en la transformación de las vidas, se deban exclusivamente al poder de Dios. Esta paradoja se desarrolla en el capítulo nueve. El predicador ha de buscar la mejor manera de predicar, pero ser muy consciente de que al margen del obrar de Dios su labor será totalmente vana.

Ningún ministerio de predicación puede ser eficaz espiritualmente por la autoridad o la persuasión personal de un predicador, sino por el poder de Dios que obra por su Palabra.[57] Piper, desarrollando la predicación como adoración, lo expresa así: «Adorar es ver, saborear y manifestar la belleza suprema y el valor del Dios trino. Predicar es un acto de esa adoración. Sin embargo, los seres humanos no pueden ver, saborear ni manifestar a este Dios como su tesoro supremo sin la obra sobrenatural del Espíritu Santo».[58] El predicador más competente está igual

---

[57] Ver J. MACARTHUR, *1 y 2 Tesalonicenses, 1 y 2 Timoteo, Tito*, 174.

[58] J. PIPER, *Exultación expositiva: La predicación cristiana como adoración*, 127.

de necesitado del poder de Dios, para el fruto de su ministerio, que el joven que comienza a compartir sus primeras reflexiones.

Jesús, a unos escépticos que dudaban de la resurrección, reticentes al obrar sobrenatural de Dios, les dijo: «Erráis, ignorando las Escrituras y el poder de Dios» (Mt. 22:29). En otra ocasión, el Señor abrió el corazón de Lidia para que respondiera al mensaje de Pablo (Hch. 16:13-14). El comunicador cristiano puede predicar un buen sermón pero solo el Espíritu de Dios puede hacer que repercuta en la transformación de las personas. El mensaje en Filipos vino de Pablo, pero su efecto en los corazones vino del Espíritu. La palabra de Dios obra. El predicador tiene que dedicarse a predicarla, exponerla de la forma más clara posible. Como indica Keller: «El poder extraordinario y la autoridad de la Palabra serán evidentes, incluso en los contextos antiautoritarios, entre las personas más escépticas».[59] Como lo describía Spurgeon, la Biblia es como un león, por lo que no hay que dedicar demasiado tiempo a justificar su valor y autosuficiencia.

---

[59] T. KELLER, *La predicación: Compartir la fe en tiempos de escepticismo*, 8-9 y 40.

El predicador puede descansar en que su labor no depende de su destreza, aunque se esforzará por transmitir a la altura de lo que expone. El ministerio de la predicación puede hacer sentir incapaz y débil al predicador. El expositor bíblico debe confiar en que el poder para llevar sus débiles palabras a la mente, corazón y conciencia de los que escuchan está en el Espíritu de Dios.[60]

Esta es la dinámica que vemos en el apóstol Pablo, quien tenía entre sus receptores a escépticos griegos: «Nuestro evangelio no llegó a vosotros en palabras solamente, sino también en poder, en el Espíritu Santo y en plena certidumbre» (1 Ts. 1:5). Pablo usó palabras, pero no entró en la competencia retórica de los filósofos griegos,

---

[60] El poder en la debilidad de quien predica. Concepto desarrollado por J. STOTT, *Señales de una iglesia viva*, 57-59. Asimismo, en el desarrollo del tema del poder de Dios en la predicación, Stott aclara que la confianza en el poder de Dios no minimiza el esfuerzo preparatorio del predicador: «Ciertamente esto no quiere decir que estemos en libertad para abandonar el estudio y descuidar la preparación del mensaje. Tampoco podemos inferir de esto que hemos de predicar siempre improvisadamente sin molestarnos mucho en escoger las palabras que pueden dar claridad y fuerza a nuestra exposición. Si la inspiración divina de la Escritura se extiende de las palabras mismas que usan los autores humanos, no podemos imaginar que la elección de palabras sea algo poco importante. Un mensaje preciso solo puede comunicarse con un lenguaje preciso. No; lo que Pablo está enfatizando es que el objeto de nuestra confianza en la proclamación de la palabra, no tiene que ser la fuerza de nuestra personalidad o argumentos». (J. STOTT, *El cuadro bíblico del predicador*, p. 136).

sino que confiaba en el poder de Dios. Kevin DeYoung expresa esta verdad de la siguiente manera:

> El Espíritu es [...] una lámpara para iluminar la Palabra de Dios, enseñando lo que es cierto y revelándolo como precioso (1 Co. 2:6-16). Y, como vemos en Juan 16, el Espíritu proyecta un rayo de luz sobre Cristo para que podamos ver su gloria y belleza y podamos ser cambiados en consecuencia (2 Co. 3:18).[61]

El poder de Dios conduce al pecador a Cristo, así como produce en el nacido de nuevo el fruto del evangelio. El predicador debe buscar la excelencia y la relevancia, pero confiando que no es suya la labor sino del Dios todopoderoso. Es como disputar un partido de baloncesto con Jordan en el equipo o jugar unos dobles de tenis con Nadal de compañero. El predicador puede enfrentar su audiencia escéptica con libertad y descanso, confiando en que predica la verdadera palabra de Dios, una extensión del Dios todopoderoso.

La sociedad actual necesita, como cualquier otra, este tipo de predicación. Las personas que están influenciadas por el escepticismo necesitan escuchar una voz con la que

---

[61] K. DEYOUNG, *La centralidad del evangelio: El Espíritu Santo*, 216.

puedan conectar. Asimismo, esta voz debe tener el fundamento de la verdad bíblica, la centralidad de la persona y obra de Jesús y la dependencia del poder de Dios para la transformación de las vidas a las que se dirige.

En el siguiente capítulo entro en la cuestión de no solo predicar la verdad sino comunicarla de tal manera que conecte con la mente del presente. Como verás esto no es nada nuevo. Ya los autores bíblicos lo hacían. Jesús lo hacía. Sucede que a medida que pasa el tiempo conservamos la verdad, amén a eso, pero no actualizamos el lenguaje y la manera en que la comunicamos, y es cuando se produce la desconexión entre la verdad de Dios y el *idioma* de la cultura contemporánea.

Tratando de desarrollar la necesidad de conectar con la cultura, y cómo hacerlo, los temas que se desarrollan son: Predicar dentro de la cultura, veremos lo que significa. En segundo lugar, el predicador mismo. La forma en la que el predicador es y se comunica afecta a la manera en que la cultura actual estará más o menos dispuesta a escucharle. En tercer lugar, el uso de la apologética. No en el sentido de *ganar la batalla* de la razón con el mundo secular. Más bien hacer notar la fuerza de la verdad que comunicamos y desdibujar las caricaturas a las que se ha reducido la fe. Y en cuarto lugar, la importancia de cuidar con dedicación la forma en la que entregamos el mensaje. Un gran mensaje merece que se trabaje duro en la forma de comunicarlo.

# ·CAPITULO SIETE·

---

# LA PREDICACION Y LA CULTURA

## PREDICAR DENTRO DE LA CULTURA, EL PREDICADOR, LA APOLOGETICA Y FORMAS A LA ALTURA DE LOS CONTENIDOS

La predicación no puede ser una actividad paralela a la realidad como traída de un viaje en el tiempo o el espacio. Una manera sencilla de entender en qué consiste la cultura es la forma en que la gente se relaciona con la realidad, el mundo en el que vive. Cultura es cómo es el arte, cómo es la alimentación, cómo es el ocio, cómo son las relaciones, cómo es la imagen, cómo se entiende la belleza, el respeto, el humor, etc., en una determinada sociedad. La predicación tiene que estar en relación con la cultura donde se desarrolla.

La predicación en sí, como arte y comunicación, no tiene que estar desalineada con la realidad cultural. El contenido que el predicador expone sí producirá en ocasiones un divorcio entre la verdad bíblica y la audiencia, especialmente si el predicador no se comunica en el lenguaje de la cultura o no expresa la verdad en amor. Como señala Stott:

> Los comunicadores cristianos deben construir puentes por sobre esta ancha y profunda quebrada de dos mil años de cambios culturales (más tiempo aún en el caso del Antiguo Testamento). Nuestra tarea es permitir que la verdad revelada de Dios fluya de las Escrituras para entrar en las vidas de los hombres y mujeres de hoy.[62]

El mensaje bíblico puede estar en contraste con la cultura, pero tiene que predicarse de manera comprensible y pertinente para la cultura. Cuatro aspectos, importantes en la cultura escéptica actual, conforman los puntos de este apartado. En primer lugar, la forma en que se explican los términos, las palabras que se utilizan y las referencias a ejemplos o ilustraciones tienen que mostrar que la predicación es una expresión que tiene lugar en la realidad cultural. En segundo lugar, la vida del predicador puede ser un puente o un obstáculo al comunicar el mensaje bíblico

---

[62] J. STOTT, *La predicación: puente entre dos mundos*, 132.

en la cultura escéptica actual. En tercer lugar, para conectar con la mente actual es importante atender la demanda implícita de dar buenas razones de lo que se expone. Y en cuarto lugar, ser conscientes del valor, que en la actualidad tiene, la calidad y la excelencia en las formas, más allá de un contenido correcto.

## LA PREDICACION DENTRO DE LA CULTURA

La verdad bíblica no ha cambiado, pero la realidad social y cultural está siempre cambiando. Muchas expresiones de la fe, esquemas apologéticos y formas de enseñar fueron pensadas en el siglo pasado. Las formas de la predicación tienen que adaptarse a los cambios culturales. Daniel Pujol, escribiendo acerca de por qué los jóvenes se van de la iglesia, defiende que «debe cambiar la forma en la que comunicamos en los púlpitos: este punto es vital. Debe cambiar urgentemente si no queremos perder efectividad en este siglo».[63] El mismo vocabulario teológico, que en el siglo pasado podría ser entendible, en el presente se sigue

[63] D. PUJOL, *La Fuga: Por qué los jóvenes se van de la iglesia*, 73.

usando a pesar de estar vacío de significado para una gran parte de la sociedad. Keller pone el siguiente ejemplo:

> Si realmente queremos que los escépticos y los no creyentes se asusten adecuadamente con el infierno, no podemos simplemente repetir una y otra vez que «el infierno es un lugar de fuego». Debemos profundizar en las realidades que representan las imágenes bíblicas. Cuando lo hagamos, encontraremos que incluso las personas seculares pueden verse afectadas.[64]

Para ser relevantes en la cultura popular hay que usar una comunicación comprensible que conecte con la realidad. Jesús le dijo a los fariseos y escribas que invalidaban la palabra de Dios cuando no ayudaban a sus padres aludiendo que lo que tenían era *corbán*, ofrenda a Dios (Mr. 7:8-13). El predicador puede hacer *corbán* del vocabulario bíblico, cuando lo usa por supuestas pretensiones de sana doctrina, cuando en realidad está haciendo ininteligible su mensaje. El mandamiento de amar al prójimo ha de mover al predicador a comunicarse de manera competente sin dejar de lado ninguna enseñanza bíblica.

---

[64] T. KELLER, «La doctrina del infierno».

La predicación debe señalar la cultura, invadir su realidad y luego redefinirla según la verdad bíblica. Las personas tienen que comprender que el mensaje de las Escrituras no es un beneficio más que añadir a la vida, sino que satisface los anhelos y aspiraciones propios de la cultura. Deben saber que la verdad de las Escrituras no tiene el propósito último de aguar su fiesta sino de hacerles un bien mayor. No basta, por ejemplo, con decir que el sexo antes del matrimonio no es bíblico sino que has de mostrar por qué es malo y por qué es mejor el camino de Dios. Señalas una realidad de la cultura, señalas las grietas de su argumento y rediriges la atención a la realidad mejor de las Escrituras.[65]

El predicador moderno vive en una cultura post cristiana, sin conocimiento religioso, donde los términos

---

[65] En este párrafo estoy siguiendo en buena medida a Keller. (T. KELLER, *La predicación: Compartir la fe en tiempos de escepticismo*, 17, 85-110) Acerca de los primeros predicadores señala Keller: «Los primeros comunicadores cristianos no buscaron solamente responder a las preguntas de la cultura. [...] Sin embargo, tampoco ignoraron ni condenaron el vocabulario y los conceptos de la cultura. Entendieron y afirmaron las esperanzas, los temores y las aspiraciones de las personas. Los primeros comunicadores cristianos conocían íntimamente la cultura y hablaban en términos comprensibles, sin importar cuán alarmantes fueran. Reformularon las preguntas de la cultura, reestructuraron sus preocupaciones y redirigieron sus esperanzas. [...] Pablo adaptó deliberadamente la predicación del evangelio a las diferentes culturas de sus oyentes con el fin de confrontarlos». (p. 90-91).

bíblicos son simples ecos religiosos. La fe cristiana es vista como folclore, parte de la historia pasada. La distancia entre la iglesia y la cultura es abismal en la realidad occidental. Es sabido que, en países como España, el movimiento misionero encuentra una dificultad que solo es comparable a los países musulmanes. El desafío es encontrar una voz comprensible para las personas de nuestra generación. Pablo Martínez Vila lo afirma así:

> La Palabra de Dios tiene poder en sí misma (Hebreos 4:12) y el Espíritu Santo es el que produce convicción de pecado (Juan 16:8), pero ello no nos exime de nuestra responsabilidad que es transmitir el mensaje de Cristo de la forma más adecuada según el momento, el lugar y las circunstancias [O sea, según la cultura].[66]

Para el predicador que quiere ser escuchado en el presente, todos estos conceptos suenan muy atractivos, pero puede ser una tarea difícil. Ser relevantes en la cultura es algo para lo que algunos tienen cierta facilidad, pero para la mayoría de los predicadores bíblicos, inmersos en mundos de hace miles de años, puede ser una empresa compleja.

---

[66] P. MARTÍNEZ VILA, en el prólogo a la serie *Ágora,* de editorial Andamio, que tiene la intención de dar a conocer la cultura; saber cómo piensa y siente; escucharla y entenderla e impactarla con el evangelio. La cita pertenece al prólogo a la serie en el libro *En busca del contentamiento*, de Erik Raymond.

Para el predicador que vive muy conectado con la realidad cultural será más natural. A otros puede llevarles más trabajo, investigación e intencionalidad, pero es posible.[67] No es una tarea fácil, pero el fin merece el esfuerzo.

La motivación para predicar, considerando la cultura, no es agradar a la sociedad actual. La motivación es comunicar y transmitir la verdad bíblica, por amor a Dios y a las personas. Aunque la motivación al predicar ha de ser, además de responder al llamado de Dios, el interés real en las vidas de las personas. Así imitaremos a nuestro Señor cuando dijo: «Jerusalén [...] cuántas veces quise juntar a tus hijos, como la gallina junta sus polluelos debajo de las alas, y no quisiste» (Mt. 23:37). Jesús ama a las personas y deseaba que entendiesen su mensaje, no se limitó a comunicar con frialdad la verdad.

## La predicación en tiempos bíblicos y la cultura

En la Biblia hay muchos ejemplos de comunicación relevante. Jesús es citado habitualmente como el gran

---

[67] La predicación ha de estar en *conversación* con otras disciplinas, como la filosofía, la sociología, la ciencia, la lógica o la sicología.

maestro. Usaba en su comunicación continuas alusiones a la cultura de su época. Predicaba dentro de la cultura. Sus ejemplos e ilustraciones tenían que ver con la vida cotidiana, con la naturaleza, con los oficios de su época o con las corrupciones de la manera de pensar de su tiempo. Dios en el Hijo usó un proverbio de su tiempo predicando en la sinagoga: «Jesús continuó: Seguramente me vais a citar el proverbio: ¡Médico, cúrate a ti mismo!» (Lc. 4:23). En otra ocasión, hizo referencia a un dicho de los jóvenes, mientras hablaba con la gente en público: «¿Con qué puedo comparar a esta generación? Se parece a los niños sentados en la plaza que gritan a los demás: "Tocamos la flauta, y no bailasteis; Cantamos por los muertos, y no llorasteis"» (Mt. 11:16-17). Aquí tenemos al mismo Dios usando los términos de la cultura para darse a entender en la cultura en la que vivió.

Jesús es un ejemplo extraordinario, como siempre, como en todo. Su forma de comunicar hace evidente el punto exacto al que estamos llamados como comunicadores de la Palabra de Dios. Jesús hace evidente que comunicar toda la verdad, incluso las verdades más crudas, no está en conflicto con usar una comunicación entendible en los términos de la cultura y que conecta con las gentes de cada cultura específica. Jesús estaba en relación con las singularidades del idioma de su tiempo; como sus dichos y proverbios. Jesús usaba las palabras de forma vívida, de manera que coloreasen la verdad. Dios en todo lo que hace nunca hace las cosas a medias.

Pablo se esforzó continuamente por ser relevante a la realidad donde predicaba. Pide oración, en varias ocasiones, para comunicarse de la mejor manera posible: «Orad para que yo lo anuncie con claridad, como debo hacerlo» (Col. 4:3-4; Ef. 6:19-20). El mismo Pablo, que quizá algunos citan para defender su estilo rudo de predicar, pide oración para predicar de manera clara y excelente. Predicador, mira los ejemplos de tu salvador y del apóstol al mundo no judío. No puedes permitirte licuar la verdad que has sido llamado a predicar, pero tampoco puedes permitirte ser crudo o vulgar en la manera en que la comunicas. Busca y ora como Pablo por una comunicación clara y excelente.

Cuando Pablo escribe a Tito acerca de los partidarios de la circuncisión, cita sus mismas palabras en la elaboración de su argumento: «Fue precisamente uno de sus propios profetas el que dijo: "Los cretenses son siempre mentirosos, malas bestias, glotones perezosos"» (Tit. 1:12). En su discurso más referenciado usó una elocuencia persuasiva con la que transportó a los atenienses a las realidades del evangelio (Hch. 17:16-34). Este texto de Hechos es un ejemplo claro de como debemos adaptar nuestra comunicación según el auditorio que tengamos. Pablo no usaba las mismas palabras con todos, sino que buscaba «la mejor manera posible» (Col. 4:3-4; Ef. 6:19-20) en cada contexto. La elocuencia enfocada en Cristo del apóstol llevó a un rey a decir: «Por poco me persuades a ser cristiano» (Hch. 26:28).

Si te sientes poco competente en este momento. Si estás pensando que eso es para aquellos que están dotados de un don y un talento especial. Si te sientes sobrecogido por la excelencia a la que hemos sido llamados. Permíteme decir algo: Yo me siento así. Sin embargo, esto puede llegar a ser una excusa para no esforzarnos más por comunicar mejor. Claro que hay personas con un talento especial para la comunicación, pero todos podemos mejorar con esfuerzo y dedicación. Pablo mostró su determinación por esforzarse en transmitir el mensaje de Dios cuando dijo: «Aunque soy libre respecto a todos, de todos me he hecho esclavo para ganar a tantos como sea posible. [...] Me hice todo para todos, a fin de salvar a algunos por todos los medios posibles. Todo esto lo hago por causa del evangelio, para participar de sus frutos» (1 Co. 9:19-23). Pablo muestra explícitamente su intención de invadir las culturas con el propósito de dar a conocer el evangelio de Jesús.

El apóstol Juan también conectó con la cultura de su tiempo. Usa el término *logos* en su evangelio (p. ej., Juan 1:1). Era un término que ya existía en la cultura griega, entendido como la razón y el orden que domina el universo. Juan toma ese término de la cultura y lo redefine y completa su significado en la persona de Jesús, para comunicar su mensaje a su cultura. Es un buen ejemplo de invitar y persuadir a las personas a través de sus realidades culturales, para luego enfocarlas en la verdad revelada.

En este listado se enumeran seis buenas prácticas para predicar y alcanzar la cultura, que sintetizan algunas de las prácticas vistas en los ejemplos bíblicos de comunicación:

- Usa un vocabulario accesible o bien explicado.
- Cita autoridades respetadas para fortalecer tus tesis.
- Demuestra un entendimiento de las dudas y las objeciones.
- Confirma para desafiar las narrativas culturales básicas.[68]

---

[68] P. ej., Identificar premisas que hay en la cultura de manera implícita para las personas. Como las que se pueden dar por medio de eslóganes que nadie discute como «cada uno tiene derecho a su propia opinión». Mostrar sus flaquezas, la fe que requieren, la manera diferente en que lo entienden otras culturas y luego cuestionarlas y desafiarlas, respetando la cultura y lo positivo que contienen sus premisas.

- Presenta ofrecimientos del evangelio que ejerzan presión en los puntos sensibles de la cultura.[69]
- Haz un llamado a responder al evangelio.[70]

## Un acercamiento real a la cultura

Un aspecto que tienen en común Jesús y los apóstoles es que desarrollaron su vida en la realidad cultural. Es una práctica a imitar por los buenos comunicadores modernos. Jesús pasaba tiempo en las calles en las que predicaba, hablando y conociendo a las personas y su cultura. Pablo, en sus viajes, pasaba tiempo entre la gente, visitando lugares públicos, en los que no solo hablaba, sino también escuchaba (Hch. 17: 16-17). Lo más probable es que en términos generales vistieran, comieran y vivieran de manera común a las gentes de su cultura. Dado que no eran estas características las que impactaban a la gente sino el contenido de su mensaje y su estilo de vida lleno de buenas obras.

---

[69] Mostrar, en el punto de la narrativa de la cultura en particular que se haya señalado, cómo el cristianismo ofrece recursos superiores no solo para explicar, sino además para satisfacer la aspiración o para abordar el asunto.

[70] T. KELLER, *La predicación: Compartir la fe en tiempos de escepticismo*, 94-110.

Es conocida la frase, atribuida al teólogo suizo Karl Barth: «Un sermón hay que prepararlo con la Biblia en una mano y el periódico en la otra». También es popular la manera en la que John Stott alude a la misma realidad. El predicador inglés habla de la *doble escucha*. Ambas citas señalan la necesidad de que el predicador moderno esté conectado con Dios en su palabra, a la vez que con la realidad cultural de su tiempo. Este acercamiento no ha de limitarse a la lectura de libros, revistas y periódicos. Tiene que haber un acercamiento real, por medio de la presencia física en el mundo, tal como vivió Jesús. El gran predicador, del siglo XIX, J.C. Ryle lo expresa de la siguiente forma:

No dejes de hablar con los pobres, y visitar a tu grey de casa en casa. Siéntate con ellos junto al fuego para intercambiar pensamientos sobre cualquier cuestión. Averigua cómo piensan y cómo se expresan, si quieres que entiendan tus sermones. De esa manera aprenderás mucho sin darte cuenta, estarás continuamente atesorando modos de pensar y tendrás más claro lo que debes decir desde el púlpito.[71]

El escéptico en la cultura popular puede notar el grado de vinculación del predicador con la realidad que le rodea y esto puede construir un puente entre la verdad y la mente moderna. En una charla acerca del espacio, cualquier

---

[71] J.C. RYLE, *Sencillez en la Predicación*, 22.

persona escuchará con más atención y respeto a un astronauta que ha estado en órbita que a un estudiante de física. Lo mismo sucede entre el predicador y su audiencia. Como señalan Chester y Timmis: «La verdad no es una cuestión académica y formal, sino algo muy dinámico que hay que poner en relación con la vida».[72] El predicador moderno tiene que predicar la verdad bíblica en relación con la cultura en la que vive.

## EL PREDICADOR COMO PERSONA

*La fuerza pedagógica de la persona que predica*

La cultura popular, llena de escepticismo por la plaga de supuestas verdades, tiende a desconfiar. Por ello, valora la autenticidad y la honestidad del comunicador. Percibir cierta transparencia en el comunicador es esencial para establecer una conexión. Lo que comunica el predicador de su propia persona influirá en cómo el mensaje es transmitido y percibido. Es interesante la fuerza con la que Keller lo describe:

---

[72] T. CHESTER - S. TIMMIS, *Iglesia radical. Evangelio y comunidad*, 144.

A tus oyentes los convencerá tu mensaje solo si los convences como persona. [...] Si no te conocen, reúnen evidencia (en general, de manera inconsciente) para determinar si les caes bien, si pueden relacionarse contigo y si te respetan. Observan si eres feliz o taciturno, si eres tranquilo o nervioso, si te ves amable, hosco o engreído. Buscan amor, humildad, convicción, gozo y poder: una integridad y una congruencia entre lo que dices y lo que eres. La inseguridad, el deseo de impresionar, la falta de convicción o el fariseísmo; y todas estas cosas cierran sus mentes y sus corazones a las palabras.[73]

Alguien dijo que un pastor no podrá llevar a su iglesia hasta donde él mismo no ha llegado. Quizá no sea tan definitivo, pero lo que el predicador es influye mucho. Escribe MacArthur: «La vida y la fidelidad espirituales de la congregación están siempre estrechamente relacionadas con la vida y la fidelidad espirituales de su pastor».[74] Gran parte de lo que las personas copian de sus padres tiene más que ver con lo que sus padres eran y hacían que con lo que dijeron.

La predicación al margen de una vida que la respalde no tiene energía. Muchos sermones siguen a la perfección

[73] T. KELLER, *La predicación: Compartir la fe en tiempos de escepticismo*, 177.

[74] J. MACARTHUR, *1 y 2 Tesalonicenses, 1 y 2 Timoteo, Tito*, 163.

las reglas de la homilética, no obstante, falta fuerza en la voz del predicador, su corazón parece no respaldar sus palabras. El apóstol Pablo es un ejemplo extraordinario de coherencia. Podía decir: «Sed imitadores de mí» (Fil. 3:17).

## El predicador tiene que ser quien es

El predicador ha de ser auténtico. Quizá en el pasado se valoraba mucho la retórica elaborada. Hoy se espera un mensaje relevante por medio de un comunicador auténtico. Sugel Michelén, con mucha experiencia predicando, escribe: «Cada predicador debe ser él mismo mientras predica, en vez de tratar de imitar a alguien más. De lo contrario terminaremos frustrados».[75] La predicación dominical siempre tendrá algún grado de formalidad, sin embargo, el tono de voz, las formas, el carácter y el vocabulario tienen que corresponder con quien el predicador es.

El predicador puede sentirse libre de mostrarse vulnerable. El apóstol Pablo es, una vez más, un buen ejemplo. Confiesa a los corintios su debilidad: «Estuve

---

[75] S. MICHELÉN, *De parte de Dios y delante de Dios*, 89.

entre vosotros con debilidad, y mucho temor y temblor» (1 Co. 2:3). El predicador no tiene por qué depender de su propia seguridad, sino poner su confianza en la «demostración del Espíritu y de poder» (1 Co. 2:4).[76] Al mostrar con prudencia sus debilidades y carencias, el predicador recalca la necesidad del evangelio y acentúa su autenticidad. La persona escéptica, que escucha con cierta indiferencia, estará mejor dispuesta a escuchar.

Aún se escucha a padres decir que cuando se pasan de la raya no piden perdón a sus hijos porque esto, supuestamente, mina su autoridad. También quedan predicadores que no miran con buenos ojos mostrar sus debilidades en el púlpito por el mismo motivo: la pérdida de autoridad. Pero, ciertamente, es todo lo contrario. Un padre que se acerca con arrepentimiento a su hijo, quizá incluso con los ojos húmedos, a pedir disculpas por su error ¡vaya que si ganará a su hijo! Su hijo quedará asombrado ante el corazón de su padre y estará más dispuesto a escucharlo y seguirlo. O sea, su padre habrá crecido en autoridad, el tipo de autoridad que Dios busca.

Del mismo modo, el predicador que continuamente muestra cómo, en carne propia, lucha por superarse, que

---

[76] Ver J. STOTT, *Señales de una iglesia viva*, 58-59.

expresa sus debilidades, que confiesa su necesidad continua de la gracia de Dios, ganará en autoridad. Este tipo de vulnerabilidad no solo hace la comunicación más cercana, viva y auténtica. También muestra la necesidad de por vida que tenemos de la gracia de Dios, muestra la necesidad que tenemos del sacrificio sustitutorio de Cristo cada día y muestra a las personas que el único que no falla y que todos necesitamos es a Dios mismo.

Obviamente, no me refiero a pecados que descalifiquen al predicador. Si el predicador está en un pecado o tipo de inmadurez que le descalifican para el ministerio debe estar escuchando no enseñando (1 Ti. 3; Tit. 1). Me refiero a una vulnerabilidad con la que abrimos nuestro corazón reconociendo que aún necesitamos gracia, y así invitamos a todos a abrir su corazón, para juntos seguir siendo sanados y perfeccionados por aquel que lo hace todo en todos. Predicador, permítete ser quien eres.

## El uso de la apologetica

La Biblia nos anima a dar razones de nuestra fe (p. ej., 1 P. 3:15; Hch. 19:8-9). El predicador moderno tiene que actualizar la apologética a la cultura escéptica. Usar, como señala Portillo, una «apologética que, por decirlo así, desnude las falacias del pensamiento secular de nuestro tiempo».[77] El escéptico siempre pregunta «por qué». El predicador trabajará, en la preparación de su sermón, para adelantarse a las posibles preguntas, teniendo en cuenta las objeciones y las dudas del escéptico.

Por medio de preguntas retóricas se puede simular un diálogo en el que el escéptico participe mentalmente. El fin es, como expresa el profesor de filosofía David May: «Una persuasión deliciosa de la razón que diga: "esto es absolutamente necesario"».[78] El predicador no solo predica al corazón, también predica al intelecto. Todos en la congregación necesitamos mantener este diálogo mental honesto con las verdades de Dios, no solo los escépticos más impenetrables. Dios gana nuestro corazón pero también gana nuestra mente.

Por lo tanto, la predicación no deja a un lado la mente. Señala Stott: «jamás se le debe pedir a nadie que prescinda de su intelecto. Si alguien va a Jesucristo con arrepentimiento y fe tiene que hacerlo con el pleno

---

[77] F. PORTILLO, *Movimientos actuales en la iglesia. Una reseña crítica*, 77.

[78] D. MAY, «Clase magistral de Ética».

consentimiento de su mente».[79] Sucede lo mismo cuando exhortamos a la iglesia hacia las prácticas cristianas, no solo en el evangelismo. Muchos de los verbos que Lucas emplea en Hechos, para describir la predicación de los apóstoles, son abiertamente intelectuales. Por ejemplo: enseñar, argüir, conversar, argumentar, discutir, confundir, demostrar o refutar. Cada uno de ellos, verbos diferentes en el griego.[80]

La cultura presente no acepta fácilmente que se le diga lo que tiene que hacer. Las personas exigen entender las razones, lo cual es lícito. El experimentado consejero bíblico, Larry Crabb, lo expresa así: «Los predicadores y los consejeros pueden gastar sus energías exhortando a las personas a cambiar de conducta. Pero la voluntad humana no es una entidad libre. Está ligada al entendimiento».[81] Las personas actúan según lo que creen y saben. Cristo enseñó: «Conoceréis la verdad, y la verdad os hará libres» (Jn. 8:32).

---

[79] J. STOTT, *El cuadro bíblico del predicador*, 60.

[80] Ibíd., 61-63.

[81] L. CRABB, *El arte de aconsejar bíblicamente*, 80.

LA PREDICACIÓN Y LA CULTURA

El conocimiento de los hechos y las personas aumenta nuestra fe en ellos y no al contrario.[82] Cuanto mejor conozcamos el daño que pueden hacer ciertos alimentos mayor confianza tendremos en una alimentación entendida como más saludable. El predicador moderno debe usar una apologética relevante en sus exposiciones bíblicas. No solo predicar desde *«porque la Biblia lo dice»*, lo cual es obvio, sino explicar por qué aquello que la Biblia expone es mas digno y razonable que cualquier otra cosa y busca nuestro bien mayor y duradero más que ninguna otra teoría o presunción de verdad.

## FORMAS A LA ALTURA DE LOS CONTENIDOS

La Biblia no es como el BOE, sino que además de ser rica en contenidos es rica en sus formas. Contiene recursos literarios como prosa, poesía, proverbio, parábola, salmo, contraste, metáfora o alegoría. El predicador no tiene ningún argumento para ser simple y descuidado con la calidad de las formas al predicar.

---

[82] Lennox desarrolla la idea de si tiene sentido decir que la fe cristiana es una fe ciega. Ver J. C. LENNOX, *Disparando contra Dios*, 63-66.

Mira la manera en la que Dios inspiro, por ejemplo, los proverbios: «Que nunca te abandonen el amor y la verdad: llévalos siempre alrededor de tu cuello y escríbelos en el libro de tu corazón» (Pr. 3:3). «¿Puede alguien echarse brasas en el pecho sin quemarse la ropa?» (6:27). «Panal de miel son las palabras amables» (16:24). «Más vale toparse con una osa a la que le quitaron los cachorros que con un necio» (17:12). «Una respuesta sincera es como un beso en los labios» (24:26). «Confiar en gente desleal [...] es como tener un diente picado» (25:19). Dios no se limita a decir lo que hay que decir sino que lo dice de la forma más brillante y atractiva posible. Como dijo Jesús: «...el Padre que me envió me encargó qué decir y cómo decirlo» (Jn. 12:49).

El atractivo honesto, el recurso literario eficaz, la persuasión útil, la elocuencia correcta y la seducción adecuada son prácticas que están llamadas a ser como los focos de un moderno estadio deportivo. Esos potentes focos han sido diseñados y fabricados para hacer posible que, en la noche más oscura, los espectadores puedan disfrutar del evento como si el sol brillara. Sin embargo, al final del encuentro los espectadores no estarán comentando la calidad y potencia de los modernos focos. Los espectadores estarán ocupados comentando encantados el evento que han presenciado.

Calvino lo expresa así: «La elocuencia no está en desacuerdo con la simplicidad del evangelio, cuando le da su lugar y está sujeta a este, pero además cuando le rinde un servicio, como una doncella a su señora».[83]. El predicador debe cuidar las formas de su sermón porque el texto lo merece, con el propósito de clarificar y acentuar la verdad del texto bíblico y porque implícitamente transmite el valor de lo que hace. Piper, que extensamente defiende la predicación expositiva del texto bíblico, apoya así las formas:

> *La Biblia abunda en toda clase de recursos literarios para acentuar el efecto del lenguaje:* acrósticos, aliteraciones, analogías, antropomorfismos, asonancias, cadencias, quiasmos, consonancias, diálogos, hipérbolas, ironías, metáforas, métrica, onomatopeyas, paradojas, paralelismos, repetición, ritmo, sátiras, símiles. Todos estos están allí presentes, y más. Y a mi parecer, Dios nos invita a participar de esta creatividad en la elocuencia.[84]

La preparación de la predicación tiene que ser meticulosa y profunda. El predicador no puede buscar las mejores palabras para describir su punto mientras predica.

---

[83] Juan Calvino (en su comentario a 1 Co.) citado por T. KELLER, *La predicación*, 11.

[84] J. PIPER, *Exultación expositiva: La predicación cristiana como adoración*, 153.

Como comenta Ryle: «Para predicar, poco se puede hacer si no es por medio de esfuerzos y desvelos».[85] Una preparación profunda resultará en una predicación fresca y dinámica y no al contrario. El predicador no tropezará con su propio pensamiento y la generación improvisada de su argumento, sino que puede permitirse ser espontáneo porque ha pensado profundamente acerca de lo que va a decir y cómo va a decirlo.

El predicador tiene que hacer uso de los recursos que le permitirán ser atractivo y persuasivo para la mente escéptica, poniendo su elocuencia al servicio de la verdad del texto bíblico. La calidad de su sermón debe transmitir que valora la Biblia que predica, lo cual puede cambiar la forma en la que el escéptico y el oyente en general escuchan.

## Predicar de manera atractiva y persuasiva

La predicación tiene que ser rigurosa y sana, pero además tiene que captar la atención del oyente. El mensaje no solo tiene que ser claro sino convencer y señalar al

---

[85] J.C. RYLE, *Sencillez en la Predicación*, 21.

corazón. El predicador no puede sentirse orgulloso de haber afirmado la verdad si sus oyentes no han sido capaces de atenderle por haber sido seco y denso. Las personas difícilmente creerán en algo que ha sido aburrido y árido.[86]

En la disciplina retórica la elocuencia puede ser un fin, en la predicación es un medio para un fin. El atractivo y la persuasión deben ser lazos que atraigan la mente escéptica a las realidades bíblicas y pongan la atención en Dios. «El predicador [...] velará porque en toda su predicación muestre [predicando de formas que están a la altura de sus contenidos] que Dios en Cristo es la fuente suprema de satisfacción».[87] Así como expresas una experiencia sobrecogedora en la naturaleza a unos amigos, con entusiasmo y pretendiendo contagiarles tu asombro. De la misma manera volcamos nuestro asombro por el conocimiento de Dios cuando predicamos la verdad extraordinaria de su Palabra.

La cuestión no es el atractivo en sí mismo, sino comunicar la verdad del texto bíblico con atractivo y persuasión. Como indica Stott: «Debe alimentar a la familia

---

[86] Esta idea es desarrollada por T. KELLER, *La predicación: Compartir la fe en tiempos de escepticismo*, 145.

[87] J. PIPER, *Exultación expositiva*, 259.

de las provisiones que le han sido confiadas (La Biblia);
pero ya que va a persuadirles a comer lo que les sirve, se
afana en hacerlo sabroso. Se vale de su imaginación para
que la comida sea apetitosa».[88] La predicación puede y debe
ser atractiva y viva porque señala a un Ser infinitamente
atractivo y vivo.

El atractivo no es solo una herramienta para
persuadir, también es un método pedagógico en sí, que
puede atraer la atención y aclarar los contenidos. En
ocasiones un clip, un verso, un juego de palabras, una
ilustración, una rima o una historia aclaran el significado
del tema que se está exponiendo. Como sugiere Ryle:

> Los proverbios, composiciones poéticas breves y dichos
> antitéticos otorgan una extraordinaria fuerza y claridad a los
> sermones. [...] Introduce colorido y figuras en abundancia en
> tus sermones a toda costa, no dudes en tomar dulzura y luz de
> toda clase de fuentes y de criaturas, de los cielos y la tierra, de
> la historia, de la ciencia.[89]

Pablo usa elementos de atractivo y persuasión en sus
escritos. Por ejemplo, cuando exhorta a la iglesia a
contentarse con el evangelio de Cristo sin otro tipo de

---

[88] J. STOTT, *El cuadro bíblico del predicador*, 27.
[89] J.C. RYLE, *Sencillez en la Predicación*, 15-20.

mérito humano (Fil. 3). Pablo desarrolla, a lo largo de muchos versículos, su testimonio en el judaísmo y cómo llegó a encontrar en Cristo una satisfacción eterna, para luego invitarles a hacer lo mismo (Fil. 3:17). Podría haberse limitado a decirles lo que tenían que hacer, pero consideró que contar su historia aclararía y les persuadiría.

Nadie quiere un comentario bíblico andante. La predicación se nutre del texto bíblico pero ha de brotar de la propia vida para conectar con otras vidas. Como comenta el fiel predicador por décadas, Piper: «Los corazones son más poderosamente tocados, no cuando la mente está entretenida con ideas abstractas, sino cuando está llena de imágenes vívidas de una gran realidad».[90] El predicador moderno tiene que cuidar las formas en las que transmite la verdad bíblica. Usar todas las habilidades y la creatividad de la que disponga para, con esfuerzo y dedicación, predicar con atractivo y persuasión. Nadie te llama a ser quien no eres, pero sí has de llevar tus dones y talentos hasta el punto donde puedan llegar.

---

[90] J. PIPER, *La Supremacía de Dios en la predicación*, 97.

## *La calidad de la exposición transmite un mensaje*

Cuando una persona llega a una cena, a la que ha sido invitada, y ve esmero, esfuerzo y detalle, recibe un mensaje implícito de los anfitriones: «Esta cena contigo es importante para nosotros. Tenemos interés en ti, te apreciamos, te valoramos y nos lo tomamos en serio». En cambio, si sucede lo contrario, y el invitado observa una cena improvisada y mediocre, también recibe un mensaje implícito: «No valoramos mucho este tiempo contigo. No nos lo hemos tomado muy en serio». El predicador del siglo XIX, William Taylor, ayuda a resaltar este punto al hablar de su ética ministerial cuando se trata de exponer la Palabra de Dios:

> Quien se erige en el púlpito debe decir de la obra en el ministerio «una cosa hago». Debe enfocar todo su corazón y vida en el púlpito. Debe dedicar días y noches a la producción de esos discursos mediante los cuales busca convencer los juicios, conmover los corazones y elevar las vidas de sus oyentes.[91]

---

[91] William Mackergo Taylor (en su libro *The ministry of the word*) citado por J. MACARTHUR, *1 y 2 Tesalonicenses, 1 y 2 Timoteo, Tito*, 170.

El predicador transmite, de manera implícita, que valora su labor al preparar debidamente su sermón. También deja claro que no está hablando de cualquier cosa. Está manejando un contenido divino, literalmente, y el cuidado y dedicación que ha empleado lo hace evidente. Tanto escépticos como amantes de la Escritura prestarán más atención a alguien que cree y toma en serio lo que hace. Si el predicador, en su exposición, denota que ha dedicado tiempo a pensar y trabajar en su sermón, el auditorio en general estará más dispuesto a escucharle.

Esto se hace obvio, por ejemplo, en los videos que podemos encontrar en *YouTube*. Un video en el que es evidente el trabajo en la grabación, que cuenta con una gran resolución y queda claro que ha sido editado con gusto, creatividad y tiempo, atraerá más atención, interés y visitas que otro video que haya sido colgado de cualquier forma, sin calidad, preparación, ni tiempo dedicado a su edición. Esto es así incluso si el video de peor calidad contiene mejor información y más cierta.

La mediocridad transmite un mensaje: «No sé si lo que voy a decir es muy interesante, al menos a mí no me motivó a preparar mejor la manera de comunicarlo». La calidad en la exposición también transmite un mensaje:

«Esto me importa, tiene un gran valor, vale la pena que escuches». Formas a la altura de los contenidos te ayudarán como predicador a construir una vía de acceso entre el mensaje de Dios y la atención de las personas con las que deseas conectar.

# ·CAPITULO OCHO·

---

# 7 CUESTIONES PRACTICAS EN LA PREDICACION

PENSAR EN LA AUDIENCIA DIFICIL, PREDICAR EXPLICITAMENTE LA BIBLIA, LA INTRODUCCION Y CONCLUSION, LA IDEA CENTRAL, LA APLICACION, LA CLARIDAD Y SENCILLEZ Y EL USO DE MEDIOS AUDIOVISUALES

En este capítulo se desarrollan algunas cuestiones prácticas a tener en cuenta para mejorar la comunicación en el presente. El escepticismo, entendido como esa duda, indiferencia o desconfianza ante la verdad, es una de las características que destaca en la cultura contemporánea, por lo que los principios que se desarrollan a continuación son aplicables a la predicación y la enseñanza bíblica en general.

## Pensar en la audiencia difícil

El predicador tiene que pensar en la parte hostil de su auditorio mientras trabaja en la exposición. Tiene que predicar para los que quieren escuchar el mensaje de la Biblia, y al mismo tiempo estimular la escucha de aquellos con una actitud desconfiada o indiferente. Alec Motyer, habla de dos responsabilidades: «La primera es con la verdad y la segunda, con un determinado grupo de personas. ¿De qué forma oirán mejor la verdad? ¿Cómo la formulamos y la expresamos para que les quede completamente clara, [y] les sea apetecible?».[92] El predicador tiene que recordar, mientras trabaja en su exposición, que la predicación es un medio no un fin.

Al preparar un sermón hay que pensar en qué palabras y recursos usar, y cómo usarlos, para persuadir al oído más difícil. El predicador tiene que dedicar tiempo a trabajar en las palabras que va a utilizar, para lograr comunicarse eficazmente con la diversidad del auditorio. Esto ayudará a toda la audiencia, y el escéptico captará que su presencia allí tiene sentido. No se sentirá como un carpintero en una conferencia de física cuántica.

---

[92] T. KELLER, *La predicación: Compartir la fe en tiempos de escepticismo*, 18.

No podemos cometer el error de preparar nuestra exposición para predicar solo a supuestos amantes de Dios, deseosos de escuchar y confiar en toda la Palabra de Dios. Estamos llamados a predicar con un sentir misional. Cuando preparamos el sermón, el taller o la clase, hemos de trabajar en cómo comunicar los contenidos a toda la diversidad con la que nos encontraremos. Cómo comunicar mejor a los que dudan, a los que temen, a los que no entienden, a los que tienen cierto recelo o desconfianza.

Al comunicarnos de forma entendible e interesante para la parte del auditorio más dura y desconfiada, también estaremos siendo claros y persuasivos para los que confían profundamente en Dios. De hecho, aquellos que viven un caminar firme con Dios desean que la Palabra sea entendible y persuasiva para los que están por desviarse del camino o se encuentran fuera de él.

Esto no tiene porque dar la forma definitiva a los contenidos que expondremos o limitar las verdades que comunicaremos. El punto es, por ejemplo, cuando estamos trabajando en la forma de comunicar una idea difícil o que todos necesitan abrazar por su bien, pensar en cómo expresarlo, qué recursos usar, para que el mensaje conecte con todos. Lo cual es el fin de la predicación. Que la verdad de Dios conecte con cada vida; cada mente y corazón.

## Predicar explícitamente el texto bíblico

El predicador moderno debe transmitir al escéptico, al dudoso y al creyente, que la fuente y la autoridad de la verdad que predica está en la Biblia y no en él. La predicación tiene que ser explícitamente bíblica. El texto tiene que marcar el ritmo de la predicación.

Leer el texto al comienzo de la predicación y luego disertar acerca de sus enseñanzas no pone el foco en el texto sino en las conclusiones. A lo largo del sermón deben haber referencias y lecturas del texto que se está exponiendo.

Desarrollando este tema, Michelén escribe: «Permite que el texto bíblico hable porque la Biblia es Dios predicando, y Él actúa por medio de Su Palabra. [...] Dios nos ordena predicar su Palabra para hacer oír públicamente su voz».[93] De este modo el escéptico, creyente o no, recibirá continuamente el mensaje de que en el texto bíblico está la

---

[93] S. MICHELÉN, *De parte de Dios y delante de Dios*, 43-45.

proposición de verdad con la que debe interactuar. Piper lo expresa enfáticamente:

> Afirmo que la buena predicación «está saturada de Escritura», y no «basada en Escritura», porque la Escritura es algo más que la base para buena predicación. [...] No comienza con la Escritura como base, para luego vagar en otras cosas. Exuda Escritura. [...] «¡Citen el texto! ¡Citen el texto! Repitan las palabras reales del texto una y otra vez. Muestren a las gentes de donde provienen sus ideas».[94]

Las personas que escuchan deben quedar con la sensación de haber estado expuestas al texto bíblico, no solamente al predicador. El predicador que muestra su Biblia, la lee y hace referencia a ella a medida que desarrolla su exposición, no solo dice, sino también muestra de dónde proviene la riqueza de su mensaje.

Esto no quiere decir que haya que llenar la predicación de citas bíblicas. Esto puede ser muy útil para reforzar y ampliar la idea que el texto principal transmite,

[94] J. PIPER, *La Supremacía de Dios en la predicación*, 94-95.
Asimismo, Keller señala que el texto bíblico explícito enseña a las personas a leer sus propias Biblias: «Sacar el significado de cada texto [...], transmitirá [...] tu confianza en la Escritura. Permite que los oyentes reconozcan fácilmente que la autoridad no descansa en las opiniones o el razonamiento del que habla, sino en Dios [...] Por otro lado, le enseña a tu audiencia a leer sus propias Biblias, a reflexionar en un pasaje y entenderlo» (T. KELLER, *La predicación: Compartir la fe en tiempos de escepticismo*, 28-33).

pero también puede despistar, debido a que la atención y retención de las personas es limitada. No obstante, la audiencia debe acabar al menos con un encuentro explícito con el texto bíblico principal de la predicación. En el texto está la autoridad y el poder para transformar las vidas.

El predicador interpreta y aplica el texto, por lo tanto usa muchas más palabras propias que las del texto. Pero si su sermón está vinculado al texto, el auditorio tendrá la sensación de que es el texto el que está hablando, que es el texto bíblico el que marca el ritmo, y no la mente del predicador, por muy audaz que esta sea.

El predicador debe considerar un privilegio ceder el protagonismo al texto. En palabras de Stott: «Cuanto menos el predicador interfiera entre la palabra y sus oyentes, mejor. [...] El predicador está mucho más satisfecho cuando la luz que brilla en la Escritura eclipsa su persona y cuando la voz de Dios apaga su propia voz».[95] El texto ha de sobresalir sobre todo lo demás. Las palabras de Dios son las que tienen que aportar la luz y el brillo al mensaje.

El comité de traducción de la Biblia *Nueva Traducción Viviente* señaló, en la introducción a la primera

---

[95] J. STOTT, *El Cuadro Bíblico del Predicador*, 30.

edición en agosto del 2010, que: «En la actualidad sigue siendo mayor el número de personas que escuchará la lectura de la Biblia en el templo que aquellos que la leerán por sí mismos».[96] El auditorio necesita, más que nada, escuchar el texto bíblico. Cualquier cosa que el texto bíblico diga estará siempre infinitamente por encima de cualquier cosa que el predicado pueda decir. Por lo tanto, para el expositor ha de ser un honor ponerle voz al texto bíblico, y mantener su protagonismo y relevancia a lo largo del sermón.

## La introduccion y la conclusion

La introducción y la conclusión son de suma importancia. En el cuerpo del sermón estará el contenido de lo que se quiere transmitir. Para llamar la atención sobre el contenido está la introducción y para afirmarlo está la conclusión. El predicador debe tener estas partes totalmente interiorizadas. Al inicio, poder mirar a los ojos a su auditorio y atraerlos al tema. Y al final, buscando conectar, afirmar y confrontar a los oyentes con el tema.

---

[96] Santa Biblia, Nueva Traducción Viviente, A10.

Michelén lo expresa así:

Una buena introducción es aquella que logra despertar el interés de los oyentes, presenta el tema y prepara al auditorio para entenderlo. [...] Debe persuadir al auditorio de que lo que sigue a continuación es digno de ser oído. [...] La conclusión es para concluir no simplemente para detenernos. [...] Bien preparada no solo dejará bien claro en la mente de los oyentes qué se espera de ellos, sino que los motivará a hacerlo.[97]

## La introducción

La introducción será más atractiva al escéptico, y al público en general, si es homilética, no exegética. O sea, la introducción no es el momento para los detalles textuales sino para atrapar la atención del oyente. Quizá una pregunta retórica conectada con el punto del sermón o una escena o imagen que mueva al auditorio a pensar en el tema de la predicación.

Por ejemplo, si vamos a hablar de momentos de suma dificultad en la vida puedes empezar preguntando: ¿Cuál es la situación más difícil a la que has tenido que enfrentarte? Si vas a hablar de la guía del Espíritu de Dios

---

97 S. MICHELÉN, *De parte de Dios y delante de Dios*, 234-239.

puedes mostrar una imagen que muestre desconcierto y luego otra que muestre confianza y seguridad. Son solo simples ejemplos. Usa tu creatividad. Las posibilidades son infinitas.

La introducción no tiene por qué ser el trasfondo sociocultural o lingüístico del texto a exponer. Es más adecuado empezar con una idea, una imagen, una historia, unos versos u otro recurso que capte la atención y conecte a las personas con la idea principal del texto bíblico. Por ejemplo, si la predicación es de un texto en Oseas acerca del profundo amor paternal de Dios, se podría empezar comentando una imagen de un abrazo entre un padre y un hijo, en vez de con los detalles históricos y personales de la vida de Oseas. Los detalles textuales pueden tener su lugar en el cuerpo del mensaje, si ayudan a clarificar lo que comunica el texto bíblico.

Las personas reticentes examinarán al predicador desde el comienzo. Por ello, además de cuidar el contenido de la introducción, hay que poner atención al lenguaje no verbal. Si el predicador ha trabajado e interiorizado el material introductorio podrá mostrarse más natural, relajado y abierto ante el auditorio. Los nervios explícitos y titubeos desde el comienzo transmiten un mensaje que no queremos.

Claro que no todos tenemos la misma capacidad comunicativa, pero todos podemos trabajar para comunicar de la mejor manera según nuestros dones y talentos.

El distinguido profesor de predicación Haddon Robinson resalta que la importancia de la introducción no es proporcional a su pequeña extensión en la exposición:

> En la introducción el oyente recibe impresiones sobre el predicador que casi siempre determinan si aceptará o no lo que él diga. Si se presenta nervioso, hostil, o mal preparado, el oyente se verá inclinado a rechazarlo. Si da la impresión de ser una persona despierta, amigable e interesante, percibirá que es capaz, que tiene una actitud positiva hacia sí mismo y hacia los demás. [...] Así también, el predicador capaz sabe que las conclusiones requieren una tremenda preparación.[98]

La introducción facilitará el inicio de una buena comunicación o pondrá obstáculos para que ésta no resulte. Del mismo modo, la conclusión puede ser un broche final que llame a creer y actuar o puede estropear lo desarrollado en el cuerpo del sermón.

---

[98] H.W. ROBINSON, *La predicación Bíblica*, 161-169.

## La conclusión

La conclusión tiene sus propias dificultades. Después de discursar por unos treinta minutos, o mucho más en algunos casos, no es tarea fácil aterrizar los contenidos. La cuestión es cómo recoger todo lo que hemos expuesto y cerrar de manera que las personas no perciban un frenazo brusco, quedando despeinadas sin saber qué hacer.

De un gran vuelo con un mal aterrizaje solo recordarás eso, el mal aterrizaje. Es como un viaje en coche que llega a su destino. Debe haber una reducción paulatina de la velocidad hasta que el coche está bien estacionado y los pasajeros pueden abrir la puerta, salir y echar a andar. Un buen conductor nunca quiere llegar a su destino y que sus pasajeros se queden dentro del coche, desconcertados, mirándose unos a otros mientras se preguntan ¿Qué ha pasado?

En la última parte de la exposición hemos de avisar a la audiencia de que estamos en el último punto o llegando al final. Advertirles que la conclusión viene pronto. Al llegar a la conclusión es bueno hacerlo explícito. El tope es tu creatividad. Algunos sencillos ejemplos: ¿Con qué nos quedamos hoy? ¿A qué te está llamando Dios hoy en su

Palabra? ¿Cuál es el punto de todo lo que hemos visto? ¿Cómo resumimos en una frase la idea de nuestro texto hoy? ¿Qué concluimos hoy? ¿Cómo resumimos lo que Dios quiere comunicar hoy con este texto? Y a continuación expresas de nuevo la idea principal del mensaje.

La conclusión no es momento para añadir material o explicaciones nuevas. Es el momento de recalcar la idea principal del mensaje. Es el momento de lanzar la pelota con la que quieres que los que te escuchan se queden entre sus manos. Que con toda facilidad puedan responder a la pregunta ¿qué nos ha dicho Dios hoy en su Palabra?

La idea es poner de relieve la idea principal de texto, pero, importante y crucial en la conclusión, señalar cómo esta idea conecta con la vida. Cómo el punto principal del texto conecta conmigo. A qué me llama. Cómo me estimula. Cómo me desafía. Cómo me anima. Como interactúo con ella esta tarde o mañana en los quehaceres. En la conclusión la relevancia y la pertinencia son indispensables.

Para recalcar la idea principal, en la conclusión, puedes abrir tu propio corazón y expresar cómo tú luchas con esa realidad o cómo te anima o desafía. Puedes usar un verso, una imagen, una frase hecha, etc. Que ayude a retener lo que has comunicado. Repito, tu creatividad es el tope. Yo tengo mis propias limitaciones y es evidente en los ejemplos tan simples que pongo. Hay diversas maneras de aterrizar el avión, pero ningún avión aterriza bien sin trabajo, esmero y prácticas.

## LA IMPORTANCIA DE UNA IDEA CENTRAL

El sermón, desde su comienzo hasta su conclusión, tiene que ser más como el desarrollo de una historia que una consecución de puntos racionales inconexos. El uso de puntos puede ser útil si son el desarrollo de una sola idea central, pero se ha de contar algo, se usen puntos de forma explícita o implícita. El mensaje no puede ser simplemente una enumeración de proposiciones.

El predicador, cuando ya tiene el texto bíblico, debe asegurarse de haberlo entendido y saber exactamente qué es lo que quiere transmitir y demostrar en su exposición. Las personas deben poder responder con facilidad a la típica pregunta: *¿Acerca de qué se predicó hoy?* Y el predicador ha de poder responder con facilidad a otra pregunta: *¿Sabrán los oyentes qué hacer con lo que se les ha enseñado?*

Predicar con una idea central clara no es un asunto de segundo orden. Es esencial para un buen sermón. Keller desarrolla cuatro directrices para escribir un mensaje expositivo. Tres, de los cuatro puntos, señalan la importancia de la idea central: «1. Distingue el propósito del texto [...] y busca la idea principal [...]. 2. Escoge un tema principal para el sermón que presente la idea central del texto [...]. 3. Desarrolla un bosquejo alrededor del tema del sermón».[99] En el proceso de preparación de una exposición hay que tener en cuenta que es más fácil recoger una piedra que un puñado de arena.

Las nuevas tecnologías someten a las personas del presente a una gran estimulación. Esto produce, especialmente en las nuevas generaciones, problemas de atención difusa y de corta duración. Es por ello que el mensaje que se expone debe ir atado por «el hilo de una narrativa».[100] La idea central ha de permear el sermón y sobresalir en la conclusión. El escéptico, y el público en general, tiene que tener claro qué verdad está desafiando su duda y recelo.

[99] T. KELLER, *La predicación: Compartir la fe en tiempos de escepticismo*, 195-196.

[100] Expresión usada por S. ESCOBAR, *Vigencia y pertinencia de la Biblia en la comunicación del mensaje cristiano*, 20.

Muchas veces al predicar queremos dar todo a nuestra gente. Queremos enseñarles todo lo que hemos descubierto en menos de una hora. Esta tentación la tendrás especialmente si eres un predicador muy esporádico. Motivados por un buen deseo de compartir los tesoros de Dios podemos caer en servir una comida pesada, demasiado copiosa, en vez de un suculento plato, más sencillo, pero con el que quedar satisfechos y bien alimentados.

Si de verdad amamos a la gente que tenemos delante. Si de verdad queremos transmitirles algo del consejo de Dios que les haga bien. Si de verdad queremos honrar a Dios y hacer bien a la gente que tanto Dios ama. Escoge una bola. Como cuando juegas a bolos. Hay muchas bolas, de diferentes tamaños y colores. Pero no las tiras todas. Escoges una. Pues escoge una bola y sacrifica lo demás para otra ocasión.

Quizá eso signifique escoger un texto más breve, una sección que contenga una sola idea central. O quizá, de las diferentes ideas del texto elegir una a resaltar en el mensaje, y que el resto sume para proyectar adecuadamente esa idea. Debes escoger una enseñanza básicamente sencilla que sea asimilable en una sola exposición. Lo que has aprendido en años de caminar con el Señor no pretendas que la gente lo asimile en menos de una hora. Escoge una idea en el texto. Una idea que transmite la todopoderosa Palabra del Dios del universo. Y trabaja para penetrar e improntar esa idea en la gente a la que sirves y ministras.

## LA APLICACION RELEVANTE

El escepticismo, la mente moderna en general, desconfía ante las proposiciones de verdad, máxime si son abstractas y teóricas. La cultura popular quiere conectar con la experiencia y la realidad, así que la aplicación práctica y relevante ha de ocupar un lugar importante en la comunicación cristiana. Ayudará a trazar puentes que conecten la mentalidad moderna con la verdad bíblica.

Ya en el primer manual cristiano de predicación, Agustín de Hipona escribió que una de las tres obligaciones de los predicadores es *flectere* (incitar y mover a las personas a la acción). Aplicar apropiadamente la Palabra de Dios a la vida.[101] Como afirma Michelén: «Un sermón sin aplicación es como una carta sin dirección: lo que dice

---

[101] A. DE HIPONA, *The Rethorical Tradition: Readings from Classical Times to the Present*, 386-422. Citado Por Timothy Keller en su libro *La predicación*.

puede contener buenas ideas, pero no llegará a ningún sitio».[102] Las personas hoy, y en cualquier época, necesitan descubrir cómo la letra bíblica puede hacerse real en sus propias vidas.

El predicador y pastor por décadas Andy Stanley, fundador de la iglesia North Point Community Church, ha tenido, desde sus inicios en el ministerio, el enfoque de llegar a la gente sin iglesia. Ha proyectado el ministerio en la iglesia no solamente para la *gente de iglesia* sino también para personas apartadas, desconectadas o totalmente al margen de la iglesia. Y así de radical es cuando habla de la importancia de la aplicación en la predicación:

> La gente está mucho más interesada en lo que funciona, que en lo que es cierto. Detesto hacer estallar tu burbuja, pero no hay casi nadie en tu iglesia que ande en busca de la verdad. Incluyendo tu cónyuge. Lo que andan buscando es la felicidad. Mientras los estés tratando de alimentar con la verdad, sin añadirle al final un "esta es la diferencia que esto va a significar", te considerarán como irrelevante la mayoría de las personas de tu iglesia, de tu ministerio con los estudiantes o de tu estudio bíblico en los hogares. Tal vez seas teológicamente impecable, como los maestros de la ley en tiempos de Jesús,

---

[102] S. MICHELÉN, *De parte de Dios y delante de Dios*, 213.

pero no te van a percibir como alguien que enseña con autoridad. Peor aún, nadie te va a querer escuchar.[103]

No se puede dejar la verdad huérfana de significado. Hay que explicar correctamente el texto. Pero tampoco se puede aplicar a la ligera, de manera improvisada. Ni tener la aplicación como algo simplemente accesorio. Hay que aplicar y hacerlo bien.

Así como sucede en la explicación del texto, en la aplicación la audiencia, en toda su diversidad, debe notar que la autoridad está en la Biblia, por lo que la aplicación no ha de ser impuesta sino que ha de fluir del texto bíblico (2 Ti. 2:15)[104]. El predicador no es libre de buscar un texto que respalde sus propias ideas, partiendo de una aplicación predeterminada. La aplicación tendrá autoridad bíblica si se desprende a través del texto bíblico.

En el servicio dominical el auditorio es muy diverso, con diferentes necesidades. En una entrevista, Rick Warren señaló que el servicio dominical es como la sala de

---

[103] A. STANLEY, *Amplio y profundo*, 114-115, 172.

[104] «Esfuérzate por presentarte a Dios aprobado, como obrero que no tiene de qué avergonzarse y que interpreta rectamente la palabra de verdad».

urgencias de un hospital.[105] La predicación tiene que tener un lugar importante para la aplicación variada y relevante, siempre desprendida del texto y enfocada en Dios. Por lo tanto, es importante estar en contacto con una diversidad de interlocutores para que la aplicación no se limite a la realidad más próxima y conocida por el predicador. Ayuda conocer las noticias, la cultura popular, las filosofías de moda, etc.

Es propio a la predicación conmover el corazón para que deje de confiar y amar otras cosas más que a Dios, y sea cautivado y atrapado más y más por Dios mismo. La predicación se convierte en predicación cuando embiste al corazón. La aplicación es el momento en el que la verdad divina conecta de manera directa con la vida de los oyentes. Esto, si se hace bien, debería surgir casi naturalmente a lo largo de la exposición, ya que Dios no inspiró teorías sino verdades dirigidas directamente al corazón.

Un ejemplo de cómo trabajar en la aplicación: El predicador está trabajando en Filipenses 4:6. El texto señala que hay que evitar la ansiedad. En la reflexión y el trabajo para sustraer conclusiones prácticas y aplicables a la

---

[105] R. WARREN, «John Piper Interviews Rick Warren on Doctrine».

actualidad, el predicador podría preguntarse: ¿Qué cuestiones producen ansiedad hoy a las personas? ¿Qué valores o cosas aprecian las personas de tal modo que su pérdida puede producirles ansiedad? ¿Cómo afecta la ansiedad en la administración del dinero? ¿Cómo afecta la ansiedad por ser aceptado en las relaciones? ¿Cómo afecta la ansiedad por mantener la imagen que se proyecta? ¿Qué sentido o falta de sentido tiene el motivo por el que las personas están ansiosas? ¿Cómo afecta la falta de verdades concretas y profundas que dirijan la vida a la ansiedad de una persona escéptica? ¿Cómo afecta la confianza en las afirmaciones bíblicas a la ansiedad? ¿Qué pecados colaterales produce la ansiedad por las diferentes cuestiones? ¿Cómo le puede ser útil este texto a las personas cada uno de los días de la próxima semana? ¿Cómo expresar de la mejor manera que Dios en Cristo es suficiente y más satisfactorio que cualquier otra cosa, de tal manera que las diferentes cuestiones de la vida no tengan tanto potencial para producir ansiedad?

Aplicar las verdades del texto bíblico a la realidad social presente no es una tarea sencilla. Requiere conocer el mundo y pensar correctamente acerca de cómo la verdad bíblica aplica al mundo. Requiere sabiduría y reflexión profunda y, al mismo tiempo, prudencia para no aplicarla de manera forzada e impuesta, sino de manera natural desde el principio que la verdad del texto bíblico establece. El predicador debe depender de Dios para interpretar correctamente el texto. Asimismo, debe buscar la guía y la ayuda de Dios para aplicar correctamente las verdades contenidas en el texto bíblico a la diversidad de personas que sirve y ministra.[106]

## LA CLARIDAD Y LA SENCILLEZ

El predicador está inmerso en el mundo bíblico y la teología, lo que puede llevarle a usar un lenguaje técnico, académico o anticuado. El predicador tiene que hablar para ser entendido por todos. Repito, porque es demasiado importante, el predicador tiene que hablar para ser entendido por todos.

Hay que recordar una y otra vez que no predicamos para otros predicadores, sino que predicamos a una audiencia diversa, en diferentes grados educativos y procedentes de contextos diferentes. Incluso en ocasiones la

---

[106] Para más desarrollo sobre la aplicación ver, por ejemplo, S. MICHELÉN, *De parte de Dios y delante de Dios*, 213-231; J. STOTT, *La predicación: puente entre dos mundos*, 128-172.

audiencia puede estar compuesta por personas de diferentes naciones y culturas debido al trafico actual de personas alrededor del mundo.

Es prudente no excederse con la información contextual, los detalles textuales o idiomáticos. Sólo usa lo que aporte luz y fuerza al mensaje. Dedica tiempo a explicar debidamente los conceptos que sean abstractos o técnicos. No hay que asumir cosas por sabidas y hay que trabajar para que suene sencillo. En ocasiones, pensar si realmente un argumento suma a la idea central puede ayudar a desechar lo que no aporta claridad al mensaje. Recuerda que no predicas para lucirte sino para servir a la gente.

Un sermón no es mejor o más profundo porque sea denso y turbio. Lo que se piensa a fondo y se interioriza, puede ser explicado de manera clara y sencilla.[107] Así que si no eres capaz de explicarte con claridad y sencillez quizá sea necesario que te preguntes si realmente lo has entendido e interiorizado antes de intentar exponerlo a otros.

---

[107] Ver «Un estilo claro» en H.W. ROBINSON, *La Predicación Bíblica*, 182.

La predicación debe dirigirse a todos, no solo a los eruditos de la iglesia o académicos de la cultura. Los predicadores no pueden predicar para impresionar a otros predicadores. En palabras del gran predicador Billy Graham: «El defecto que tenemos los pastores es nuestra tendencia a predicarnos unos a otros».[108]

La comunicación tiene que ser modulada para no pasar por encima de la gente común, no familiarizada con los tecnicismos de la teología o el vocabulario académico. Si el predicador no es sencillo no se le entenderá, desviándose así del cometido de su ministerio. Lutero señala sabiamente: «Nadie puede ser un buen predicador si no está dispuesto a predicar de tal manera que a algunos les parezca pueril y vulgar».[109]

El oído escéptico, y la audiencia en general, encontrará menos impedimentos, para interactuar en su mente y corazón con la verdad bíblica que expone el predicador, si se evita el lenguaje religioso vacío y el mensaje es profundo, pero claro y sencillo. Para predicar de manera clara y sencilla hay que utilizar palabras claras y sencillas.

---

[108] Citado por J. STOTT, *El cuadro bíblico del predicador*, 105.
[109] Ibíd., 105.

## El uso de medios audiovisuales

La cultura moderna ha evolucionado mucho en las formas y canales que se usan para comunicar. Los medios audiovisuales son usados en todas las esferas de la vida. Hablando de la aparición de la imprenta, Escobar nota que «un artefacto cultural nuevo se convirtió en vehículo de una revolución espiritual».[110] Los medios audiovisuales pueden ser usados de modo que sumen a la *revolución espiritual* en el presente.

Imágenes, audios o clips de video pueden ser útiles para concretar un pensamiento abstracto, aclarar un versículo, intensificar un ejemplo o impactar una idea, especialmente para personas que tienen un aprendizaje más inclinado a lo visual. Jesús, por ejemplo, predicando al aire libre, hizo referencia a las imágenes a su alrededor como recurso en su exposición.[111]

La diversidad de medios audiovisuales y artísticos son especialmente útiles cuando el predicador no es un gran orador. Si el predicador es mínimamente hábil, con solo las palabras puede dar vida a una ilustración, por lo que no hay

---

[110] S. ESCOBAR, *Vigencia y pertinencia de la Biblia en la comunicación del mensaje cristiano*, 8.

[111] P. ej., Mt. 6:26,28; Lc. 21:29; Jn. 4:35.

que infravalorar el poder de la imaginación.[112] Las palabras por sí solas pueden ser más que suficientes. Por ejemplo, qué sucede si te digo que *Un rinoceronte verde con manchas amarillas da un paseo por una playa de arena blanca en las Islas Canarias.* Al escuchar esta descripción el rinoceronte está en tu mente sin necesidad de haber visto ninguna imagen. No menospreciemos el valor de las palabras por sí solas. Albert Mohler sostiene al respecto:

La caída de la palabra no es lo que nos define como cristianos. [...] Sin embargo, esta es una era visual, [...] si se quiere alcanzar a una tremenda cantidad de personas que conocemos y amamos, el video es una forma poderosa de hacerlo; pero la imagen no puede reemplazar a la palabra impresa.[113]

El buen uso que se le puede dar a lo audiovisual no tiene que estar en detrimento del buen uso que se le puede dar la exposición oral. El poder de la imagen es uno, pero el poder de la palabra también es uno. Ambos instrumentos, la palabra y la imagen, son en definitiva creación del mismo Dios. Si estamos en la naturaleza podemos simplemente

---

[112] «Un rinoceronte verde con manchas amarillas da un paseo por una playa de arena blanca en las Islas Canarias». Al escuchar esta descripción el rinoceronte está en tu mente sin necesidad de haber visto ninguna imagen.

[113] R.A. MOHLER JR., *Pensar. Amar. Hacer. Un llamado a glorificar a Dios con la mente y el corazón*, 146-147.

señalar con el dedo, como hacía Jesús. Pero si estamos dentro de un local hay lugar para mostrar una imagen u otro contenido audiovisual.

## *El propósito del uso de audiovisuales*

La aparición y el protagonismo de los recursos audiovisuales ha generado rápidamente un aumento en su uso en la predicación. En ocasiones eso ha causado usarlos fuera de propósito. Solo por un afán consciente o inconsciente por usar imágenes y vídeos a toda costa.

Los medios audiovisuales han de ser una herramienta para aclarar, interiorizar, transmitir o impactar el mensaje que queremos transmitir. No son un fin en sí mismos. Son una herramienta al servicio del mensaje del texto bíblico. Una buena imagen puede ayudar mucho en la introducción o algún momento del desarrollo. Pero el continuo uso de imágenes que no aportan nada, que incluso despistan, o la proyección de largos textos, que más que aclarar fatigan a la audiencia, no es adecuado y no ayuda a comunicar la Palabra de Dios de forma más eficaz.

El uso de los medios audiovisuales tiene que estar al servicio del texto. Si se convierten en un atractivo en sí mismo, distraen o rompen la dinámica del discurso, pierden su utilidad. La imprenta se utilizó para expandir masivamente la Biblia. Asimismo, si se utilizan imágenes y sonidos, han de servir a la verdad bíblica y darle protagonismo.

# ·CAPITULO NUEVE·

---

## LA VIRTUD DEL EQUILIBRIO: EL AMOR EN LA PREDICACION

### EQUILIBRIO, PARADOJA Y EL AMOR EN LA PREDICACION

La cultura presente, con su escepticismo en forma de duda, desconfianza, indiferencia, relativismo o pragmatismo, necesita conocer la verdad bíblica, la gracia de Dios en el evangelio de Jesucristo y cómo éste puede permear toda la vida. Al mismo tiempo, necesita que le sea comunicado en una voz que pueda entender. Una voz que desafíe sus paradigmas, pero con la que pueda interactuar en su pensamiento y corazón.

Este doble desafío puede mover al predicador moderno a dos extremos. Por un lado, puede aferrarse a la

Escritura, en una seudo pureza doctrinal que no pretende trazar puentes hacia la cultura. Por otro lado, volverse totalmente pragmático para ser escuchado por la cultura, a costa de predicar de forma precisa el mensaje bíblico.

El predicador ha de vivir entre las dos realidades, no caer en ninguno de los dos extremos. Keller describe así una *iglesia centrada* [equilibrada]: «es una iglesia que se esfuerza por contextualizar el mensaje del evangelio sin cambiar su esencia».[114] Es un buen propósito. Sin embargo, la realidad es que los extremos siempre han existido.

Jesús acusó a los judíos de hacer de la Escritura un fin en sí mismo (p. ej., Mr. 2:27; 7:8-13; Jn. 5:39-40). La Biblia existe para llevar a las personas a la vida en Jesús. Es un medio para un fin, no un fin en sí misma. Dios usa su Palabra para atraer a las personas hacia sí mismo. Usa las palabras para comunicarse, no como un fin en sí mismas. El texto bíblico no puede dejarse de lado, asimismo existe la posibilidad de exaltarlo incorrectamente.

Un enfoque desvirtuado en la Biblia en sí misma puede resultar en una especie de desequilibrio

---

[114] T. KELLER, *Iglesia centrada*, 286-289.

supersticioso.[115] El predicador moderno, que ama a Dios y a las personas, trabajará para encontrar el equilibrio entre ser fiel a la palabra de Dios y encontrar una voz que conecte con la cultura en el mundo moderno. La predicación es por amor a Dios y a las personas, no se puede predicar correctamente con ningún otro enfoque.

# EQUILIBRIO:
## LA ORTODOXIA Y LA ORTOPRAXIS NO SE EXCLUYEN

La doctrina correcta y una buena práctica no están en enemistad. La práctica de una buena predicación bíblica incluye la práctica de una retórica que seduzca a los oyentes hacia la verdad predicada. Predicar de manera ortodoxa, en conformidad con los principios bíblicos (p. ej., 2 Ti. 4:2), no excluye la ortopraxis, que busca formas y prácticas que conecten con la mente de sus oyentes (p. ej., Ef. 6:19-20).

---

[115] Así argumenta Stott. Advierte, por ejemplo: «Consideran a las Escrituras con una reverencia casi supersticiosa. Están tan absortos en las Escrituras mismas, que pierden de vista su propósito, el de manifestarles a Cristo. Se merecen el título de "bibliólatras" o "adoradores de la Biblia," pues actúan como si las Escrituras y no Cristo fueran el objetivo de su devoción». (J. STOTT, *Las controversias de Jesús*, 101-102).

Si a un taxista le encargan transportar a unos pasajeros, del aeropuerto a su hotel, puede limitarse a hacerlo o puede además buscar que el trayecto sea lo más placentero y cómodo posible. El buen taxista no manejará su vehículo igual si transporta una pareja joven o una persona enferma. Adecuará la velocidad, el ritmo, la intensidad de los cambios de marcha y el contenido de la conversación que ofrezca, según sean las personas que está transportando.

Del mismo modo, la encomienda a predicar y la forma en la que se ejecuta según la audiencia, son aspectos que no deben excluirse sino complementarse. Sería absurdo que el taxista entregara a sus pasajeros, en el hotel, mareados, sintiéndose orgulloso de haber cometido su encargo. Así como sería, igualmente absurdo, que los dejará en un destino diferente al indicado, usando como argumento que los condujo de la manera más confortable posible.

Así mismo, es absurdo predicar la verdad de manera que no conecte, sino que *maree* a los oyentes, o usar las formas más atractivas y dinámicas pero no predicar el texto bíblico. Es interesante el análisis que hace Keller de la realidad actual:

Algunas escuelas de predicación expositiva desaniman a los predicadores de hacer mucho más aparte de presentar la información de su investigación bíblica. Cualquier otra cosa se considera entretenimiento y espectáculo. [...] Esta actitud viene, irónicamente, de una lectura imprecisa de las advertencias de Pablo en 1 Corintios 1 y 2 contra el uso de la «sabiduría humana» en la predicación. Descuidar la persuasión, la ilustración y otras maneras de apelar al corazón socava la eficacia de la predicación, primero, porque es aburrido y, segundo, porque es desleal al propósito mismo de la predicación.[116]

Es llamativo lo enfático que es Keller en la última frase de la cita. Descuidar las formas, dice, «es desleal al propósito mismo de la predicación». Mira a tu alrededor. El mundo, la creación, no es aburrida, es asombrosa y atractiva. ¿Por qué no buscamos desarrollar más la imagen de Dios en nosotros volcando este asombro y atractivo en la predicación?

---

[116] T. KELLER, *La predicación: Compartir la fe en tiempos de escepticismo*, 36.

Piper desarrolla que lo que Pablo descalifica es la práctica de algunos maestros en la iglesia que copiaban la elocuencia de los sofistas (p. ej., 1 Co. 2:1-2). Para los sofistas la elocuencia era un fin en sí mismo, no estaba al servicio de clarificar una verdad. «*El sofisma de emplear el lenguaje para ganar debates* y para mostrarse uno mismo como inteligente, elocuente y poderoso». (J. PIPER, *Exultación expositiva*, 143-153).

Hay quienes se jactan de predicar de *manera funcional* y hay quienes se jactan de predicar de *manera bíblica*. Lo cierto es que predicar bien es combinar ambas. Se podría decir que la ortodoxia incluye la ortopraxis y la ortopraxis incluye la ortodoxia.

Amemos menos defender nuestro estilo de predicación, amemos menos promocionar nuestra imagen y ministerio, y amemos menos lo que piensan los supuestos jueces que examinan nuestra predicación. Y amemos más a la gente que necesita escuchar el mensaje de Dios. El amor, el auténtico amor a Dios y a la gente, lo cambia todo.

## MANTENER LA PARADOJA

La predicación funciona en medio de una paradoja, como sucede con otras doctrinas bíblicas. El Espíritu Santo obra en la predicación y al mismo tiempo obra el trabajo, la voluntad, la mente y la entrega del predicador. Escribe Stott: «Debemos enfatizar que el Espíritu habla por medio de lo que ha sido dicho y obra en base a lo que ha sido hecho».[117] El poder de Dios y la excelencia del predicador

---

[117] J. STOTT, *Las controversias de Jesús*, 121.

funcionan juntos. El predicador ha de hacer su trabajo consciente de esta paradoja. Jonathan Edwards trata de explicarlo así:

> No nos limitamos a ser pasivos y Dios tampoco hace una parte y nosotros hacemos el resto, sino que Dios hace todo y nosotros hacemos todo. Dios *produce* todo y nosotros *actuamos* todo. [...] Somos en diferentes sentidos completamente pasivos y completamente activos.[118]

El predicador moderno tiene que ser fiel a su labor y recordar que a quien sirve es a Dios. Debe ignorar tanto a los que se jactan de una gran ortodoxia como a los que presumen de su pragmatismo. El buen ministro hará su trabajo para conectar su persona y su voz con la audiencia a la que se dirige. Asimismo, descansará y confiará en el poder de Dios y la palabra de Dios para la transformación de las vidas.

Como sucede con otras paradojas bíblicas, fácilmente podemos pendular hacia un extremo, lo que siempre produce un desastre. Negarnos a mantener la paradoja en la persona de Jesús nos llevará a enfatizar su humanidad en detrimento de su deidad o al contrario, ambos son excesos

---

[118] Citado por J. PIPER, *Exultación expositiva: La predicación cristiana como adoración*, 121.

peligrosos. Negarnos a mantener la paradoja en la doctrina de la soberanía de Dios nos volverá deterministas o humanistas. Negarnos a mantener la paradoja en la doctrina de la trinidad nos volverá arrianos o modalistas, por ejemplo.

Cuando tratamos con el conocimiento de Dios tenemos que aceptar y convivir con las paradojas. Dios escapa a todo paradigma que podamos imaginar. Y con la predicación pasa lo mismo que con la Palabra de Dios. La Escritura es completamente un trabajo humano, la escribieron personas, y al mismo tiempo es completamente un trabajo divino, el Espíritu de Dios la inspiró, por eso la leemos y predicamos como la misma palabra de Dios.

Con la predicación sucede lo mismo. No puedo expresarlo mejor que Jonathan Edwards en la cita anterior. El predicador hace todo el trabajo, prepara y se dedica a su sermón y finalmente lo predica, y al mismo tiempo Dios hace todo el trabajo, es su palabra la que actúa y es su poder, por el Espíritu Santo, el que obra en las vidas. Entonces ¿Qué elegimos? ¿Dónde hacemos el énfasis? Hemos de aceptar la paradoja. Hemos de predicar en la paradoja. Hacer el mejor trabajo, hacer la exposición más persuasiva que nos sea posible y dejar en oración los resultados al Señor. Confiar y descansar en que él obra según su buena voluntad.

## EL AMOR EN LA PREDICACION

El tema de la Biblia es Dios, especialmente en su Hijo Jesús para salvación de todo aquel que cree. Y el calificativo de la Biblia es el amor. Dios mismo, es amor (1 Jn. 4:8[119]). Esto es evidente por toda la Biblia. La relación trinitaria se da en la dinámica del amor (Jn. 17:24[120]). Dios viene al mundo por amor (Jn. 3:16[121]). El resumen de la ley es el amor (Ro. 13:10[122]). La actividad apostólica se da en el amor (Fil. 1:8[123]). La gran cualidad de la iglesia es el amor (1 Ts. 4:9[124]). Y todo es vano y sin sentido si no se da

---

[119] «El que no ama no conoce a Dios, porque Dios es amor».

[120] «Padre, […] me amaste desde antes de la creación del mundo».

[121] «Porque tanto amó Dios al mundo que dio a su Hijo unigénito».

[122] «El amor es el cumplimiento de la ley».

[123] «Dios es testigo de cuánto os quiero a todos con el entrañable amor de Cristo Jesús».

[124] «En cuanto al amor fraternal, no necesitáis que os escribamos, porque Dios mismo os ha enseñado a amaros unos a otros».

en la dinámica del amor (1 Co. 13:1[125]). Por lo tanto, el ministerio de la predicación tiene que realizarse por amor a Dios y por amor a las personas a las que se predica.

El amor es como la barra del volatinero en sus ejercicios acrobáticos. La barra hace posible el equilibrio y permite ejecutar el ejercicio con perfección. El amor pondera y equilibra la actividad humana. Jesús dijo que toda la ley y los profetas dependen de amar a Dios y al prójimo (Mt. 22:37-40). En otra ocasión expresó su deseo de más ministros para la predicación del evangelio, porque vio a las multitudes y tuvo compasión de ellas (Mt. 9:36-38). Si lo que mueve al predicador en su labor no es el amor su actividad se verá corrompida. Lloyd-Jones lo expresa de la siguiente forma:

> El amar predicar es una cosa; amar a quienes les predicamos es algo distinto. El problema con algunos de nosotros es que nos gusta predicar, pero no siempre tenemos cuidado de asegurarnos que amamos a quienes les predicamos. Si a usted le falta el elemento de la compasión también le faltará el sentimiento que es un elemento vital en toda predicación.[126]

---

[125] «Si hablo en lenguas humanas y angelicales, pero no tengo amor, no soy más que un metal que resuena o un platillo que hace ruido».

[126] M. LLOYD-JONES, *Preaching and Preachers*, 92.

El amor es la mejor vara de medir. Un padre piadoso ama profundamente a su hijo. El amor le mueve a leer la Biblia a su hijo y explicarle su contenido. Pero no se queda ahí. El amor lo impulsa hacia mucho más allá. El amor le mueve a usar el tono más persuasivo, a buscar los ejemplos más cautivadores, a crear los escenarios más claros y penetrantes, a usar un lenguaje que llegue a su mente y su corazón y a aplicarle la verdad de la manera más practica y directa posible. El padre piadoso sabe que el Espíritu ha de trabajar en el corazón de su hijo. Sabe que si el poder de Dios no actúa está perdido en su labor. Pero el amor no le dejará tranquilo. El amor le llevará a realizar su labor, de trasmitir las Escrituras a su hijo, con toda la determinación y la pasión que le sean posibles. El amor le impulsará a hacer todo lo necesario para penetrar su mente y corazón.

El predicador que ama a las personas a las que expone las Escrituras orará y confiará, para que el Espíritu de Dios toque sus vidas. Al mismo tiempo se esmerará en hacer de su exposición la más persuasiva que le sea posible. Pondrá todas sus capacidades y esfuerzo en proyectar el mensaje de las Escrituras en el corazón de las personas que ministra.[127] El amor pondera y equilibra el ministerio del predicador. Su

---

[127] Keller desarrolla la importancia del amor en diferentes partes de su libro *La predicación*. Por ejemplo ver: 12, 16 y 19.

amor por las personas le llevará a predicar usando todos los recursos de los que dispone su persona, y a entregarse por ir aún más allá si es posible. Y su amor por Dios le llevará a terminar su sermón con este eco en su corazón: «me propuse no saber entre vosotros cosa alguna sino a Jesucristo, y a éste crucificado» (1 Co. 2:2).

El amor conducirá al expositor bíblico a poner todo su empeño por conectar con su audiencia en su realidad cultural. Sin embargo, el amor jamás dejará al predicador sacrificar el mensaje de la verdad bíblica, en aras de la relevancia, porque el predicador que ama a su audiencia se centrará en darle lo que más necesita: la palabra de Dios, para que por ella crezca en su salvación (1 P. 2:2).

El pastor y predicador Albert Martin escribió: «Debemos tener tal amor por los hombres que no podamos aguantar verles dormitando bajo nuestro ministerio. [...] Hacer todo lo que esté a nuestro alcance, para hacer que la verdad de Dios more en sus corazones».[128] El fin no es la predicación. El enfoque es Dios y las personas a las que el predicador está llamado a servir por amor. Todo lo demás

---

[128] A.N. MARTIN, *¿Qué está fallando con la predicación de hoy?*, 20.

son los medios que Dios ha dispuesto para hacer bien a las personas que ama.

La oración del predicador, en los minutos previos a predicar, debe incluir algo parecido a esto: «Permíteme sentir amor por tu pueblo y compasión por el perdido y el débil. Ayúdame a ser genuino».[129] El predicador tiene que predicar por amor.

> El primer mandamiento de todos es: [...] Amarás al Señor tu Dios con todo tu corazón, y con toda tu alma, y con toda tu mente y con todas tus fuerzas. [...] Y el segundo es semejante: Amarás a tu prójimo como a ti mismo. No hay otro mandamiento mayor que éstos (Mr. 12:29-31).

## El amor lo es todo

Este título es radical. Claro, es una frase retórica que quiere transmitir una idea con mucha fuerza. Solo el gran Yo soy lo es todo. Pero el amor es el gran tema del gran Yo soy.

---

[129] J. PIPER, *Exultación expositiva: La predicación cristiana como adoración*, 116.

El protagonista de la Biblia, sin dudas, es Dios. Y el tema de la Biblia, sin dudas, es el amor extraordinario de ese Dios extraordinario. Todo fluye de su amor. Sus obras fluyen de su amor. Y su mayor llamamiento para todas sus obras, el hombre en especial, es sumarse a su amor.

Si lo piensas, el tema del Antiguo Testamento es el amor. Dios es amor. El amor está en su esencia. Por lo tanto, todo lo que hace está proyectado desde su amor, o sea, desde sí mismo.

Cuando Dios le da a su pueblo, Israel, instrucciones para relacionarse con él y entre ellos desarrolla una legislación extensa y detallada. Pero toda ella puede resumirse en una sola palabra: amor. El decálogo (Ex. 20:3-17 y Dt. 5:1-21), la expresión máxima de la ley, es resumido por Jesús en dos proposiciones y las dos tienen que ver con el amor.

Jesús resume las primeras cuatro leyes del decálogo en: Amarás al Señor tu Dios con todo tu corazón, con toda tu alma, con toda tu mente y con todas tus fuerzas (Mc. 12). Y las seis leyes restantes las resume en: Amarás a tu prójimo como a ti mismo. El resumen de toda la legislación del Antiguo Testamento es: Ama.

Pablo, el apóstol más ilustre del Señor, ratifica la síntesis que Jesús realizó de la ley. Es muy explícito y claro cuando escribe:

> No debáis a nadie nada, sino el amaros unos a otros; porque el que ama al prójimo, ha cumplido la ley. Porque: No adulterarás, no matarás, no hurtarás, no dirás falso testimonio, no codiciarás, y cualquier otro mandamiento, en esta sentencia se resume: Amarás a tu prójimo como a ti mismo. El amor no hace mal al prójimo; así que el cumplimiento de la ley es el amor. (Ro. 13:8-10)

Literalmente dice: «el cumplimiento de la ley es el amor». Todo este argumento podría ser tachado de sentimentaloide o poco ortodoxo por su antropocentrismo. Seguramente por un juicio demasiado rápido y poco profundo acerca de qué es amar. No obstante, no es ni sentimentaloide ni poco ortodoxo. Es teológico y bíblico. Seguramente antropocéntrico también. Pero quién es más antropocéntrico, en el sentido de su amor extraordinario hacia el hombre, que Dios mismo, quien estuvo dispuesto a ofrecerse a sí mismo para salvar al hombre. Así, de tal manera amó Dios al mundo.

Todo intento de vivir el consejo de la Escritura sin amor es un error y una corrupción de la verdadera voluntad de Dios. Querer instruir y enseñar sin amor es una corrupción. Querer "ser sinceros" sin amor es una corrupción. Querer hacer cualquier cosa en nombre de la piedad cristiana sin amor es una corrupción. Pero lamentablemente hacemos muchas cosas sin amor. Como bien señala Keller:

> Podemos estar muy involucrados en las actividades de la iglesia aunque no se haya producido un cambio real en nuestro corazón [Lo cual es imprescindible para poder amar] y aunque no estemos sirviendo por amor a las personas.[130]

Alguno podría decir: «claro, la necesidad del amor es evidente». Pero al mismo tiempo se podría responder: «Por qué hay tanta falta de amor entonces». No será quizá que no está tan claro. No será quizá que la relevancia del amor, más allá de la teoría, es una idea no tan asimilada como se piensa.

Amar, de hecho, aun cuando el exceso de conversación acerca del amor se pueda tachar de sentimentaloide, es difícil, no es una tarea para blandos y sensibles sin más. Amar requiere determinación y sacrificio. Dios ha dado un hermoso y contundente ejemplo de ello en

---

[130] Tim Keller, *La Cruz del Rey*, 204.

la cruz. Amar de verdad es lo más parecido a ser imitadores de Dios.

Amar tiene que ver con buscar el bien máximo del otro. A veces incluso por encima del bien propio. Y quién es capaz de amar con facilidad. Amar no es fácil. No obstante toda la práctica cristiana ha de darse en este contexto, el contexto del amor. Cuando el consuelo, la enseñanza, la corrección, la sinceridad y otras virtudes cristianas se dan en el contexto del amor, del amor que busca el máximo bien del otro, es que estaremos respondiendo al llamado de Dios a amar.

El amor los unos a los otros fluye del amor primero de Dios. El amor tiene que ver con la expresión máxima del amor de Dios, que es su Gracia. Su Gracia tiene que ver con su trato de favor sin merecimiento alguno del objeto amado, aun cuando el objeto amado merece justo lo contrario a ser amado.

El amor por lo tanto fluye de esta gracia de Dios. El que ama no mira al otro con superioridad. El que ama no ve a la otra persona como alguien lleno de déficit que él, supuestamente, ya ha superado. El que ama no alberga amargura debido a los juicios rápidos e innecesarios. El que ama mira al otro y ve a alguien necesitado tal y como él está necesitado.

El que ama ha conocido el corazón de Dios, ha visto lo extremadamente extraordinario que es Dios y al mismo tiempo ha visto su pequeñez, debilidad y necesidad. Por eso mismo, puede amar libremente. Solo es un necesitado diciéndole a otro necesitado donde está el banquete. El que ama, siendo pecador, mira a los ojos a los otros pecadores y les señala a Dios, el máximo bien, al mismo tiempo que se ofrece, por si en las manos de Dios puede aportar algo de bien.

Las obras de Dios fluyen del amor. La predicación, por lo tanto, ha de fluir del amor. Cualquier otra motivación hará del medio un fin y por lo tanto una corrupción. El amor lo es todo.

Jesús dijo: «*Si me amáis, guardad mis mandamientos. [...] Vosotros sois mis amigos, si hacéis lo que yo os mando. [...] Esto os mando: Que os améis unos a otros*» (Jn. 14:15; 15:14, 17)».

# Por favor, no olvides la gracia al predicar

Dios, en Jesús, te salvó por *gracia*. Aún hoy te sostiene por *gracia*, y así será para siempre. Por un momento piensa en la forma tan libre y extrema en la que Dios te ama, la paciencia que tiene contigo, no exigiéndote más cada vez que flaqueas, y no castigándote por cada error que cometes. Ya lo hizo con Jesús. Las exigencias y el castigo divinos ya cayeron sobre el madero, y el mundo entero se conmovió por ello. Hoy tú recibes *gracia* y más *gracia* por los méritos de otro, no por los tuyos.

Dios está a tu lado *a pesar de ti*. Incluso cuando te corrige lo hace por su extraordinario amor en su *gracia*. Nunca te corrige para desahogar su frustración, solo lo hace si es lo mejor y más adecuado para tu vida, como parte de la vida abundante que sigue suministrándote por *gracia*. Se relaciona contigo, te llama a seguirle y te invita a obedecerle desde la *gracia*, la expresión de su amor más intensa y poderosa.

Por favor, no olvides la *gracia* al predicar. Podemos ser tan inseguros que nos volvemos áridos en nuestras exigencias al predicar, como si la gente tuviera un problema con nosotros, o nos debieran algo porque hemos sido capaces de formular un discurso. Podemos ser tan impacientes por los resultados y el cambio, que exigimos la modificación del comportamiento y el compromiso a golpe de juicios condenatorios y exigencias legalistas. Podemos ser tan ciegos a nosotros mismos que predicamos como si fuéramos algo al margen de la *gracia*.

El cargo de predicador sube demasiado rápido el orgullo. Hemos de obedecer a nuestro llamado haciendo justamente lo contrario, subir al púlpito habiendo dejado atrás el orgullo. Hemos de predicar, no como predicadores, sino como pecadores necesitados de la *gracia* a otros pecadores necesitados de la *gracia*. No sirvas los manjares de la palabra de Dios como si tú ya estuvieras satisfecho. Sirve la palabra de Dios hambriento, necesitado y deseoso de probar de sus delicias.

Por favor, no exijas lo que ni siquiera Dios te exige. Predica con *gracia*. Predica desde la *gracia*. Ten paciencia mientras la *gracia* trabaja en los corazones, y busca cautivarlos y atraerlos con eso mismo, la *gracia* de Dios en Cristo Jesús, no con tus tristes y pobres exigencias. Contagia a la gente con tu hambre y necesidad de Dios. Nadie quiere una descarga de tus frustraciones en el púlpito. De hecho estarás haciendo el mal, no el bien, si lo haces.

Piensa en las personas cuando están entusiasmadas y cautivadas por algo. Transmiten una sinergia contagiosa. Despierta tu interés por conocer, saber, incluso quizá probar. El apóstol Pablo podía decir: «sed imitadores de mí» (1 Co. 11:1). Era alguien que contagiaba entusiasmo, totalmente cautivado y atrapado por la *gracia* de Dios en Cristo Jesús. Continuamente se le llenaba la boca describiendo las riquezas incontables contenidas en la persona de Jesús, donde la mayor expresión de la *gracia* de Dios vino a nuestro encuentro.

Jesús pasó más de tres años con un pequeño grupo de hombres. Compartió con ellos la vida, les enseñó, les modeló y les influyó, y poco antes de la pasión seguían confundidos en cuanto a la identidad y el mensaje de Jesús. Luego, ya sabes, directamente le abandonaron ¿Recuerdas una de las cosas que hizo Jesús después de resucitar? Les preparó una barbacoa de pescado en la playa. Dios nos cautiva y nos alcanza porque es un Dios de *gracia*.

Por favor, no olvides la *gracia* al predicar.[131]

---

[131] Para seguir reflexionando en esta linea puedes leer el apéndice 3: *El peligro de buscar identidad en el ministerio*, p. 195.

# ·CONCLUSION·

---

El predicador moderno enfrenta una empresa con grandes desafíos. Hay una profunda grieta entre la verdad bíblica y la mentalidad de la cultura actual. Autores de diferentes épocas coinciden en que la predicación es exposición de las Escrituras con algún grado de persuasión. Sin embargo, la realidad en la práctica es que, en ocasiones, la persuasión, que pretende hacer todo lo posible para atraer a las personas a la verdad bíblica, es poca o ninguna.

El predicador está llamado a predicar el texto bíblico, pero como un medio no como un fin. El propósito es que el mensaje bíblico penetre en la vida de las personas. Para ello el predicador buscará la forma más adecuada de exponer la verdad de las Escrituras, predicando lleno de amor por Dios y las personas a las que predica, y con toda la persuasión que le sea posible. Asimismo, su predicación será siempre predicación del texto bíblico, y su confianza, para alcanzar a las personas en una cultura escéptica, estará siempre en el poder del Dios que predica.

Todo se concentra en un solo lugar. El punto donde todo ha de converger para el predicador, tanto de su atractivo como de su contenido, radicará siempre en la persona de Jesucristo y su obra. «Porque no nos predicamos a nosotros mismos, sino a Jesucristo [...]. Porque Dios [...] es el que resplandeció en nuestros corazones, para iluminación del conocimiento de la gloria de Dios en la faz de Jesucristo» (2 Co. 4:5-6).

Y cuanto más sabio fue el Predicador, tanto más enseñó sabiduría al pueblo; e hizo escuchar, e hizo escudriñar, y compuso muchos proverbios. Procuró el Predicador hallar palabras agradables, y escribir rectamente palabras de verdad (Ec. 12:9-10).

# TERCERA PARTE

·

## TRES APENDICES

# ·APENDICE 1·

---

# MAS ALLA DE LA PREDICACION

## EL FORMATO DE ENSENANZA RELACIONAL PARTICIPATIVO EN GRUPOS PEQUENOS

La predicación ha de ser útil para todo el auditorio en toda su diversidad de edades y situaciones. Sin embargo, las personas que están entre los jóvenes adultos y las personas mayores suelen ser el foco mayor de la predicación. Siendo así, es importante tener en cuenta la andragogía.

Según el doctor Ángel Villarini: «La Andragogía (del griego ἀνήρ "hombre" y ἀγωγή "guía" o "conducción") es el conjunto de técnicas de enseñanza orientadas a educar personas adultas».[132] La forma en la que las personas aprenden varía según la etapa de la vida. Así como la pedagogía tiene en cuenta la formación de los niños y adolescentes, la andragogía tiene en cuenta los procesos de aprendizaje del amplio rango de la edad adulta.

Los adultos normalmente tienen cuatro características comunes. La primera es poco tiempo, debido a múltiples responsabilidades y funciones. Esto hace que valore y cuide el tiempo que dedica a cualquier cosa que hace. Empleará el tiempo en aprender si cree que la temática realmente es aplicable a su propia vida.

La segunda es que, a diferencia de un niño, el adulto acumula un bagaje de vivencias y experiencias de todo tipo. Si, por ejemplo, un adulto está atravesando un divorcio, o un duelo, querrá conectar su experiencia y su vida pasada, con su aprendizaje.

La tercera es que ya ha aprendido mucho, a muchos niveles, física, psicológica, socialmente, académicamente, etc. La nueva información la entiende en base a este conocimiento previo y tendrá iniciativa para aportar al

---

[132] A.R. VILLARINI JUSINO, «Desarrollo humano, pedagogía y andragogía».

proceso de aprendizaje, debido a sus conocimientos acumulados. El adulto aprende mejor en un contexto en el que recibe y aporta información.

Y la cuarta es que a menudo el adulto experimenta estrés o inseguridad en los procesos de formación. Esto puede pasar por miedo a parecer que no sabe o por incertidumbre acerca de si será capaz de entender la información. Un ambiente de confianza en las relaciones le ayudará en el proceso de aprendizaje.[133]

Estas singularidades influyen en la manera en la que un adulto aprende y deben influir en la manera en la que un maestro enseña. Esto hace importante que cuando se quiera enfocar la enseñanza hacia el adulto se use, además de la enseñanza vertical unilineal, la enseñanza horizontal participativa.[134] Keller afirma al respecto que «es peligroso

---

[133] *Entrust, Formación de Facilitadores*, 13-14.

[134] Estudios realizados por IBM y las Empresas Públicas de Correos, han puesto de relieve que las personas que aprenden únicamente mediante escucha, pasados tres meses han retenido tan sólo un 10% de lo escuchado. En cambio, las personas que aprenden combinando escucha, demostración y experiencia directa retienen hasta un 65%. […] Los adultos aprendemos más rápidamente en una atmósfera de participación y compromiso. T. CHESTER - S. TIMMIS, *Iglesia radical. Evangelio y comunidad*, 140-141.

caer en la creencia no bíblica de que el ministerio de la Palabra es solo predicar sermones».[135]

La formación, cuando es participativa, puede ser más naturalmente relevante porque se enfoca en las necesidades específicas de los presentes, permite la interacción con el conocimiento que han acumulado los participantes y se puede generar un ambiente de confianza que estimule el aprendizaje. Los especialistas en formación relacional de *Entrust* señalan que es importante utilizar el diálogo en cualquier experiencia de aprendizaje de adultos.[136] El grupo pequeño, de enseñanza relacional participativo, es el contexto perfecto para que esto suceda.

El escéptico, como se indicó anteriormente, estimará el valor del conocimiento, en parte, por cómo conecta con la experiencia y la vida en general. El aprendizaje en grupos participativos, en un ambiente de confianza, será muy útil en los procesos de aprendizaje de la mentalidad moderna. Afirma Keller: «En prácticamente cualquier ámbito, por ejemplo, en el aprendizaje de un nuevo idioma, o una nueva habilidad, es mejor aprender en comunidad con otros que se

---

[135] T. KELLER, *La predicación: Compartir la fe en tiempos de escepticismo*, 1-5.

[136] *Entrust, Formación de Facilitadores*, 14.

encuentran en diferentes etapas de su propia peregrinación».[137] En el aprendizaje relacional, la persona del presente tiene la oportunidad de interactuar con la verdad bíblica, así como descubrir la fe de las personas con las que se acerca a las Escrituras.

La predicación puede tener en cuenta las singularidades del escéptico, y la mente moderna en general, en la edad adulta. El predicador, por medio de preguntas retóricas y teniendo en cuenta las preguntas y respuestas que se pueden generar en el auditorio, puede simular una conversación mientras predica.

Sin embargo, paralelamente, es importante que la iglesia ofrezca espacios, donde en formato de grupo pequeño, se pueda dar una experiencia formativa horizontal, relacional y participativa. El escéptico, así como cualquier persona en la sociedad moderna, puede encontrar en este formato de aprendizaje el espacio que necesita para encontrarse con la verdad bíblica.

Es importante darle la importancia debida al ministerio en grupos pequeños en la iglesia. Este ministerio

---

[137] T. KELLER, *La razón de Dios: Creer en una época de escepticismo*, 343.

es dinámico y puede tomar diferentes formas, pero es necesario generar una cultura de iglesia donde se transmita la importancia que tienen. Otro aspecto importante es formar facilitadores que puedan guiar las reuniones participativas y fomentar la creación de ambientes de confianza y aprendizaje relacional.

El grupo pequeño, donde se da un tipo de aprendizaje relacional, no es un nuevo método. Ya en la filosofía griega se daba el diálogo en grupo. Es conocida la original manera de enseñar de Aristóteles, hablando y enseñando mientras paseaba con sus alumnos. Y era la forma habitual en la que Jesús enseñaba a sus discípulos. Es el contexto natural en el que se da el discipulado integral.

La predicación además de ser necesaria para la iglesia es un llamamiento bíblico. El grupo pequeño es necesario y complementario porque la enseñanza no solo es compartida los unos con los otros sino que se comparte la propia vida y unos con otros son modelados en el modo que van aplicando el evangelio a sus propias vidas. En ocasiones estar cerca de una persona radicalmente generosa impacta más la vida que escuchar muchos sermones acerca de la generosidad. En los grupos pequeños de discipulado en los que además de compartir conocimientos se comparte la vida se produce este impacto, al unos ver en otros cómo la verdad del evangelio va transformando las vidas.

La realidad de la necesidad de grupos pequeños en los que unos con otros aprenden y viven juntos el evangelio es ampliamente reconocida en la Biblia, por ejemplo, en la cantidad de textos que señalan la necesidad de vivir «los unos con los otros». Estos son algunos ejemplos:

«...amaos los unos por los otros profundamente...» (1 P. 4:8).

«...instruíos y aconsejaos unos a otros...» (Col. 3:16).

«...amonestaros los unos a los otros...» (Ro. 15:14).

«...servíos unos a otros con amor...» (Gá. 5:13).

«...con humildad considerad a los demás como superiores a vosotros mismos...» (Fil. 2:3).

«...animaos unos a otros con estas palabras...» (1 Ts. 4:18).

«...edificaos unos a otros...» (1 Ts. 5:11).

«...exhortaos los unos a los otros cada día...» (He. 3:13).

«...Consideremos cómo estimularnos unos a otros al amor y a las buenas obras...» (He. 10:24).

«...orad unos por otros. La oración del justo es poderosa y eficaz...» (Stg. 5:16).

La evidencia bíblica acerca de la necesidad de vivir la fe los unos con los otros es insistente en la Escritura. Hemos de cuidar la predicación con detalle, todo este libro va de ello, pero hemos de cuidar igualmente otros formatos de enseñanza esenciales en el discipulado, como el grupo pequeño relacional participativo. Jesús mismo modeló la realidad del discipulado en grupo pequeño.

Jesús no se limitó a enviar unas buenas clases de enseñanza. Jesús vino al mundo y enseñó por medio de relación y participación de las personas. Jesús, en los evangelios, busca continuamente tiempo con sus seguidores en grupo pequeño, para enseñar por medio de compartir su vida, haciendo buenas preguntas, buscando la participación de todos y la relación con todos.

Lo que más necesitamos, como seres humanos rotos y heridos por el pecado, es el conocimiento de Dios para poder entrar en una relación real con Dios y encontrar todo lo que necesitamos en Dios por Cristo Jesús. Era la oración de Pablo para la iglesia en Éfeso, por ejemplo:

> Pido que, arraigados y cimentados en amor, podáis comprender, junto con todos los santos, cuán ancho y largo, alto y profundo es el amor de Cristo; en fin, que conozcáis ese amor que sobrepasa nuestro conocimiento, para que seáis llenos de la plenitud de Dios. (Ef. 3:17b-19)

Necesitamos más y más de Dios. Por eso la enseñanza de Dios y su Palabra, en todos lo formatos de los que disponemos, es algo que no nos podemos permitir perder.

Así que celebramos los ministerios de la Palabra de los que disponemos, como son la predicación pública de las Escrituras y la reflexión bíblica en grupo pequeño en medio de la participación y la relación personal.

Que habite en vosotros la palabra de Cristo con toda su riqueza: instruíos y aconsejaos unos a otros con toda sabiduría [...], con gratitud de corazón. (Col. 3:16)

# ·APENDICE 2·

---

# UN DESAFIO

## En un tono personal

Muy bien, después de defender con energía que es necesario cuidar la manera en que comunicamos. Después de sostener que la predicación tiene que conectar con la realidad y ser cuidada en detalle. Después de afirmar y sostener este tipo de excelencia en la comunicación, una realidad superior tiene que quedar clara: Predicador, lo que la gente necesita son las verdades Cristocéntricas de las Escrituras conectando con sus vidas. La gente no necesita que te enfoques en ser el mejor comunicador. Esta proposición está incompleta. La gente necesita las verdades centradas en Jesús a través de toda la Escritura conectando con sus vidas y comunicadas de una manera excelente y culturalmente relevante.

Predicador, no puedes permitirte olvidar que tu búsqueda de la verdad del texto bíblico es tu misión primera. Cuando has estado en el texto, leyendo y leyendo el texto, estudiando su contexto, buscando su verdad en oración y pasión. Cuando ya tienes el punto del texto, y su verdad atemporal, es que puedes enfocarte en cómo comunicar de la mejor manera posible esa verdad. Comunicar bien solo es una herramienta para conectar con la gente todo aquello que más necesitan: La verdad de Dios y la vida de Dios en Cristo Jesús.

Este libro trata acerca de la predicación. Acerca de la comunicación del mensaje de Dios en la Biblia. Este es el enfoque del libro. Sin embargo, se da por hecho que el predicador antes de preocuparse por cómo comunicar ha trabajado lo suficiente el texto bíblico como para saber qué es lo que va a comunicar. Estudiar un texto para encontrar la verdad que transmite requiere trabajo, dedicación, oración y humildad. Es recomendable hacer uso de los buenos libros y clases existentes acerca de la interpretación bíblica.[138] No obstante, el predicador no debe compartir todos sus descubrimientos en el sermón. Después de su estudio selecciona la idea del texto que va a transmitir y

---

[138] Hermenéutica y exégesis.

enfoca ahora sus energías en cómo comunicar con excelencia esa idea.

Lo seres humanos tendemos a los extremos. Fácilmente el predicador puede convertirse en un buen comunicador de sermones que no transmiten la verdad del texto bíblico. O, por el contrario, puede convertirse en un comentario bíblico andante. El llamado, el desafío, que se presenta a lo largo de este libro es tomar los ingredientes infinitos y extraordinarios de la Palabra de Dios y servir a la congregación el mejor plato que jamás haya comido.

# ·APENDICE 3·

---

# EL PELIGRO DE BUSCAR IDENTIDAD EN EL MINISTERIO

## RECUERDA DONDE ESTA TU IDENTIDAD

Desde que nacemos estamos buscando identidad. Buscamos dar respuesta a las preguntas de nuestro ser: *quién soy, cuál es mi propósito* y *cuánto valgo*. El desastre comienza cuando buscamos y exigimos dar respuesta y satisfacción a las preguntas de nuestro ser de manera horizontal, en este mundo. El punto es que las respuestas se encuentran más allá de las fronteras de nuestro mundo, en el Ser mismo de Dios.

Nuestro servicio cristiano se corrompe con facilidad cuando, quizá sin darnos cuenta, buscamos nuestra identidad en el ministerio mismo. Soy ... (pon tu ministerio en la iglesia). Mi propósito es ... (pon lo que haces en la iglesia). Y lo que valgo es definido por mi cargo, lo que hago y el respeto y mérito que recibo por lo que hago. ¿Sabes en qué has convertido el ministerio si esto te ha sucedido? En tu ídolo, al que acaricias y abrazas.

La única forma de servir al Señor en libertad es encontrar en Jesucristo lo que somos y valemos. Sólo cuando nuestra identidad está firme y satisfecha en Jesucristo y su evangelio es que tenemos la condición y la libertad para entregarnos al ministerio. El ministerio será una expresión del amor y la vida de Dios en nosotros y no algo que necesitamos y buscamos para dar respuesta a las preguntas profundas de nuestro ser. Cuando las preguntas profundas de nuestro ser ya han sido satisfechas por Dios en su hijo Jesucristo estaremos listos para servir y amar a Dios y las personas.

La persona que más me ha ayudado a reflexionar profundamente en esto es el pastor Paul David Tripp. Su libro *El llamamiento peligroso* enfoca el ministerio en el evangelio como ningún otro libro que conozca ha hecho.

Podría llenar páginas de citas que han impactado mi vida y ministerio. Aquí unas palabras que enfocan el tema que tratamos:

> Si tú estás en el ministerio y no estás recordando una y otra vez los beneficios de la Gracia de Cristo, vas a estar buscando en otro lado para obtener lo que sólo se puede encontrar en Jesús. Si no estás alimentando tu alma con las realidades de la presencia, promesas y provisión de Cristo, le vas a pedir a la gente, a las situaciones y a las cosas a tu alrededor que sean el mesías que ellos nunca puede ser. Si no estás uniendo tu identidad al amor inquebrantable de tu Salvador, le vas a pedir a las cosas en tu vida que sean tu Salvador y esto nunca a suceder.[139]

La lucha por nuestra identidad es una lucha de por vida. Por eso es que debemos buscar un día, tras otro día, llenar nuestra necesidad profunda de identidad en el único Ser lo suficientemente profundo para llenarla por completo. Días tras día debemos acudir a Dios y a su Palabra para recordar el evangelio. El evangelio de la Gracia de Dios en Cristo Jesús, quién se entregó por nosotros para que encontremos no solo perdón, sino vida y vida sin medidas en la persona misma de Dios.

---

[139] P. D. Tripp, *El llamamiento peligroso*, 32-33.

El evangelio de la Gracia de Dios en Cristo Jesús nos dice que somos amados y aceptados por completo. Nos dice que el amor extraordinario de Dios ha sido derramado abundantemente en nosotros, no por lo que hayamos hecho o podamos hacer, sino por lo que Jesús hizo. Jesús murió y resucitó en victoria para que las preguntas profundas de tu ser encuentren respuesta y una satisfacción infinita. Eres un hijo de Dios, llamado a vivir en y por amor a Dios y a los demás y eres profunda y eternamente amado y aceptado por Dios. Esta es tu identidad. Eso es lo que eres.

Cuando días tras día te sumerges en lo que eres en Cristo Jesús. Encontrando en Él y solo en Él la satisfacción que necesitas. Entonces, podrás en libertad y amor auténtico servir a los demás. Podrás ministrar, predicar en libertad, sin necesidad del aplauso y los grandes números. Porque aquello que haces no lo haces buscando satisfacción sino que lo haces porque estás satisfecho. Lo haces porque el amor de Dios te está inundando de tal manera que inevitablemente rebosa hacia otros. Lo haces como un pecador perdonado y bendecido por el amor incondicional de Dios que quiere ese beneficio proyectado en todo y en todos.

El apóstol Pablo es un buen ejemplo de alguien satisfecho en Cristo. Son famosas sus palabras en Filipenses capítulo tres: Todo lo tengo por pérdida en comparación al infinito valor de conocer a Cristo Jesús. O en Colosenses capítulo dos: Completos en Cristo, totalmente satisfecho. Así enfoca el apóstol su ministerio y anima a todos a hacer lo mismo:

Que todos nos consideren servidores de Cristo, encargados de administrar los misterios de Dios. Ahora bien, a los que reciben un encargo se les exige que demuestren ser dignos de confianza. Por mi parte, muy poco me preocupa que me juzguéis vosotros o cualquier tribunal humano; es más, ni siquiera me juzgo a mí mismo. Porque, aunque la conciencia no me remuerde, no por eso quedo absuelto; *el que me juzga es el Señor*. (1 Co. 4:1-4)

# ·BIBLIOGRAFIA·

ALOISIUS RATZINGER, J. (BENEDICTO XVI) - FLORES D'ARCAIS, P., *¿Dios existe?*, Madrid: Espasa 2008.

C. LENNOX, J., *Disparando contra Dios*, Barcelona: Andamio 2016.

CALVINO, J., *Comentario a las Epístolas Pastorales*, Grand Rapids: Libros Desafío 2005.

CARSON, D. A. - KELLER, T. (eds.), *La centralidad del evangelio*, Miami: Patmos 2014.

CHESTER, T. - TIMMIS, S., *Iglesia radical. Evangelio y comunidad*, Barcelona: Andamio 2014.

COSTER, B., «Introducción a Soteriología», clase magistral, Facultad Internacional de Teología IBSTE, Castelldefels (Barcelona), 19 septiembre, 2018.

CRABB JR., L., *El arte de aconsejar bíblicamente*, Miami: Logoi 2012.

DAWKINS, R., *El espejismo de Dios*, Barcelona: Espasa 2019.

*Diccionario de la Lengua Española, Real Academia Española*, XXII edición, t. 1, Madrid: Espasa 2004.

EMPÍRICO, SEXTO, *Por qué ser escéptico*, Madrid: Tecnos 2009.

ENTRUST MINISTRIES, *Formación de Facilitadores*, Colorado Springs: Entrust 2017.

ESCOBAR, S., *Vigencia y pertinencia de la Biblia en la comunicación del mensaje cristiano*, Barcelona: Revista Alétheia (Comisión de Teología de la Alianza Evangélica Española) 2/2008.

FLEW, A., *Dios existe*, Madrid: Trotta 2013.

KELLER, T., *Iglesia centrada*, Miami: Vida 2012.

—, *La predicación: Compartir la fe en tiempos de escepticismo*, Nashville: B&H Publishing Group 2017.

—, *La razón de Dios: Creer en una época de escepticismo*, Barcelona: Andamio 2014.

—, «La doctrina del infierno», <https://www.coalicionporelevangelio.org/articulo/importante-la-doctrina-del-infierno/> [Consulta: 15 enero, 2019].

KITTEL, G. - FRIEDRICH, G. - BROMILEY, G. W., *Compendio del diccionario teológico del Nuevo Testamento*, Grand Rapids: Libros Desafío 2002.

LÁZARO VILAS, M., *Manual del escepticismo*, Barcelona: CDNS 2003.

LLOYD-JONES, M., *Preaching and Preachers*, Grand Rapids: Zondervan 1971.

LORENZA CHIESARA, M., *Historia del escepticismo griego*, Madrid: Ediciones Siruela 2007.

MACARTHUR, J., *1 y 2 Tesalonicenses, 1 y 2 Timoteo, Tito*, Grand Rapids: Portavoz 2012.

MARTIN, A. N., *¿Qué está fallando con la predicación de hoy?*, Graham, NC: Faro de Gracia 2002.

MARTÍNEZ VILA, P., «Convertir la verdad en un asunto de opiniones», <https://protestantedigital.com/cultura/49757/convertir-la-verdad-en-un-asunto-de-opiniones-lleva-inexorablemente-a-la-perdida-de-esperanza> [Consulta: 13 abril, 2020].

MAY, D., «Ética II», clase magistral, Facultad Internacional de Teología IBSTE, Castelldefels (Barcelona), 19 diciembre, 2018.

MICHELÉN, S., *De parte de Dios y delante de Dios*, Nashville: B&H Publishing Group 2016.

MONTOYA, A., *Predicando con pasión*, Grand Rapids: Portavoz 2003.

PIPER, J. - MATHIS, D. (eds.), *Pensar. Amar. Hacer. Un llamado a glorificar a Dios con la mente y el corazón*, Michigan: Portavoz 2014.

PIPER, J., *Exultación expositiva: La predicación cristiana como adoración*, Grand Rapids: Portavoz 2018.

—, *La Supremacía de Dios en la predicación*, Graham, NC: Faro de Gracia 2004.

PORTILLO, F., *Movimientos actuales en la iglesia. Una reseña crítica*, Barcelona: Revista Alétheia (Comisión de Teología de la Alianza Evangélica Española) 1/2018.

PUJOL, D., *La Fuga: Por qué los jóvenes se van de la iglesia*, Illinois: Tyndale 2015.

RACIONERO GRAU, L., *Espiritualidad para el siglo XXI*, Barcelona: La Vanguardia Ediciones 2016.

RAYMOND, E., *En busca del contentamiento*, Barcelona: Andamio 2019.

ROBINSON, H. W., *La Predicación Bíblica*, Miami: Unilit 2000.

RODRÍGUEZ, JUAN A. «Religión en las aulas: Cuando no es una asignatura», *El Escéptico* 51 (Invierno 2018/19) 44-49.

RYLE, J. C., *Sencillez en la Predicación*, Carlisle, EE.UU.: El estandarte de la verdad 2012.

SALAS, J., «No puedes convencer a un terraplanista y eso debería preocuparte», <https://elpais.com/elpais/2019/02/27/ciencia/1551266455_220666.html> [Consulta: 31 marzo, 2020].

STANLEY, A., *Amplio y profundo*, Miami: Vida 2013.

STOTT, J., *Cristo, el incomparable*, Barcelona: Andamio 2009.

—, *Desafíos del liderazgo cristiano*, Buenos Aires: Certeza Argentina 2002.

—, *El Cuadro Bíblico del Predicador*, Barcelona: Clie 1975.

—, *La predicación: puente entre dos mundos*, Grand Rapids: Libros Desafío 2000.

—, *Las controversias de Jesús*, Barcelona: Andamio 2011.

—, *Señales de una iglesia viva*, Buenos Aires: Certeza Argentina 2004.

TRIPP, P. D., *El llamamiento peligroso*, España: Faro de gracia 2018.

VILLARINI JUSINO, A. R., «Desarrollo humano, pedagogía y andragogía», <https://es.wikipedia.org/wiki/Andragog%C3%ADa#cite_note-1> [Consulta: 1 mayo, 2020].

WARREN, R., «John Piper Interviews Rick Warren on Doctrine», <https://www.youtube.com/watch?v=LImVHzy7WtU> [Consulta: 1 abril, 2020].